国家级职业教育规划教材

全国中等职业技术学校旅游服务与管理专业教材

旅游服务礼仪

LÜYOU FUWU LIYI

人力资源社会保障部教材办公室 组织编写

王明强◎主编

第二版

中国劳动社会保障出版社

简介

本教材为国家级职业教育规划教材。

本教材介绍了礼仪的基本概念、原则、东西方礼仪的区别以及旅游服务礼仪的内涵，详细讲解了旅游服务人员的形象礼仪、语言礼仪、社交礼仪、旅行社和饭店服务礼仪，并对国际交往礼仪、宗教与少数民族礼仪以及我国主要客源国（地区）的习俗与礼仪进行了阐述说明。

本教材由王明强任主编。

图书在版编目(CIP)数据

旅游服务礼仪 / 王明强主编. —2 版. —北京：中国劳动社会保障出版社，2017
全国中等职业技术学校旅游服务与管理专业教材
ISBN 978-7-5167-3169-7

Ⅰ. ①旅… Ⅱ. ①王… Ⅲ. ①旅游服务 – 礼仪 – 中等专业学校 – 教材 Ⅳ. ① F590.63

中国版本图书馆 CIP 数据核字(2017)第 210395 号

中国劳动社会保障出版社出版发行
（北京市惠新东街 1 号 邮政编码：100029）
*
三河市华骏印务包装有限公司印刷装订 新华书店经销

787 毫米 × 1092 毫米 16 开本 10.5 印张 199 千字
2017 年 8 月第 2 版 2022 年12月第 8 次印刷

定价：20.00 元

营销中心电话：400-606-6496
出版社网址：http://www.class.com.cn
http://jg.class.com.cn

前言

近年来，我国旅游业发展迅速，产业规模不断扩大，国家对旅游从业人员的职业素养和知识、技能水平提出了更高的要求。为了适应行业的发展以及职业学校教学的需求，我们对全国中等职业技术学校旅游服务与管理专业教材进行了修订。

在新一轮的教材修订工作中，我们收集了旅游企业对于技能型人才的具体要求以及学校使用教材的反馈意见，组织骨干教师与行业、企业专家进行充分研讨，确定重点做好以下几方面工作：

◆ 更新教材内容　根据旅游业的发展变化，补充有关旅游服务与管理的最新理念，以及在线预订、智能系统等互联网时代出现的新方法、新技术，更新与旅游有关的人文信息，使教材内容更加具有时代感和前瞻性。进一步加大技能训练的比重，在导游实务、旅行社业务等主要技能课教材中，更多地加入实践案例和操作指导，有助于学校开展一体化教学。同时，将职业道德、服务意识、礼仪规范等有机融入到教学内容、课堂问答、课后训练等环节中，以加强对学生职业素质的培养。

◆ 提升教材表现力　通过设置“案例思考”“知识链接”“课堂讨论”等不同栏目，增加教材的亲和力，激发学生的学习兴趣。同时，尽可能多地以图表代替冗长的文字叙述，使教材更加生动直观，易于学习。

◆ 加强立体化资源建设　在修订教材的同时，补充开发配套的电子课件。电子课件可通过职业教育教学资源和数字学习中心（http: //zyjy.class.com.cn）免费下载。

本套教材的编写得到了有关省市人力资源和社会保障部门以及一批中等职业技术学校的大力支持，教材的编审人员做了大量的工作，在此，我们表示衷心的感谢！同时，恳切希望广大读者对教材提出宝贵的意见和建议。

人力资源社会保障部教材办公室

目　录

第一章

礼仪概述

chapter 1

旅游服务人员要为不同国家、不同地区的旅游者提供高质量的服务，不仅要熟知服务规范和程序，而且要懂得服务礼仪。在服务工作中，服务人员要尊重不同国家和地区的文化、民俗和宗教信仰，要体现出热情、文明、礼貌的服务仪态和举止，要使每位宾客在旅游中享受到宾至如归的高品质服务，留下良好印象。

学习目标

- 了解礼仪的基本概念。
- 掌握礼仪的特点和原则。
- 了解东方礼仪与西方礼仪的特点。
- 掌握旅游服务礼仪的含义。
- 掌握礼仪素质的养成方法。

第一节　礼仪的基本概念

中国素以“文明古国”“礼仪之邦”著称于世。在其五千年的历史进程中，重礼仪、守礼法、讲礼信已成为人们的一种自觉意识，贯穿于社会活动的各个方面，成为中华民族的文化传统。

一、礼仪的概念

礼仪是指人们在一定的社会交往场合中，为表示相互尊重、敬意、友好，而约定俗成的、共同遵循的行为规范和交往程序。礼仪包括礼貌、礼节、仪式三个方面。服务礼仪在礼学体系中是有形的，它存在于社会交往的一切活动中，其基本形式受物质水平、历史传统、文化心态、民族习俗等众多因素的影响。语言（包括书面的和口头的）、行为表情、服饰器物是构成礼仪最基本的三大要素。一般来说，任何重大典礼活动都需要同时具备这三种要素才能完成。

服务礼仪

二、礼貌的概念

礼貌是指在人际交往中，通过言语、动作向交往对象表示谦虚和恭敬的规范。礼貌分为礼貌行为和礼貌语言两个部分：礼貌行为是一种无声的语言，如微笑、点头、欠身、鞠躬、握手、合十、拥抱、鼓掌等；礼貌语言是一种有声的行动，如使用“小姐”“先生”等敬语，“欢迎光临”“我能为您做点什么”等谦语，“贵姓”“几位”等雅语。

在人际交往时讲究礼貌，不仅有助于建立相互尊重和友好合作的新型关系，而且能调节公共场合的人际关系，缓解或避免冲突。旅游服务人员对宾客开展礼貌服务，可以让宾客有在家一般的亲切、温暖之感。

礼貌迎宾

三、礼节的概念

礼节是指人们在日常生活特别是在交际场合，表示相互尊重、友好问候、祝愿慰问以及给予必要的协助与照料的惯用形式，它实际上是礼貌的具体表现方式。如中国古代的作揖、跪拜；当今世界各国通行的点头、握手；南亚诸国的双手合十，欧美国家的拥抱、亲吻；少数国家和地区的吻手、吻脚、拍肚皮、碰鼻子等，都是不同国家礼节的表现形式。在国际社会交往日趋频繁的今天，各国的礼节有着互相融通的趋势。但各国、各民族的特点是客观存在的，传统的礼节多有不同。因此，在旅游服务过程中，熟知和尊重各国、各民族的礼节和风俗习惯十分必要。

合十礼节

四、仪式的概念

仪式是指在特定场合举行的、具有专门程序的、规范化的活动。在举行仪式时要遵循严格的规范和程序。仪式举办依照目的不同，可以分为迎送仪式、签字仪式、开幕式、闭幕式、颁奖仪式等。迎接外国国家元首或政府首脑时检阅仪仗队和鸣放礼炮、展览会开幕或大厦落成的剪彩、大型工程的奠基仪式等，都属于正规的隆重仪式。

阅兵仪式

开幕仪式

知识链接

礼炮 21 响的来历

鸣放礼炮最初起源于 17—18 世纪的英国。英国在当时是世界上的头号强国，英国军舰驶过外国炮台或驶入外国港口时，蛮横地要求所在国向他们鸣炮致礼，以示对英国的尊重和屈服。作为回礼，英舰一般鸣放 7 响。但是，殖民主义者认为弱国与强国、殖民地与宗主国不能平起平坐。英舰鸣一声礼炮，别国应回报三声。这样鸣放三七“二十一”声礼炮的习俗就此诞生。不过，后来随着英国在国际上的地位逐渐走下坡路，英国军舰也开始改为鸣 21 响礼炮，以示平等。

举行盛大庆典鸣放礼炮，各国的规格不尽相同。美国国庆日鸣放 50 响，表示每州鸣一响。1949 年 10 月 1 日，中华人民共和国宣告成立时，正值中国共产党成立 28 周年，所以 54 门大炮齐鸣 28 响。在迎宾仪式中鸣放礼炮，最高规格是 21 响，一般为迎接国家元首鸣放；其次是 19 响，为政府首脑鸣放；再次为 17 响，为副总理鸣放。但有些国家分得不那么细。1984 年 2 月起，中国政府决定为外国国家元首和政府首脑访华举行欢迎仪式时恢复鸣放礼炮。

案例学习

一年轻人乘车到郊区办事，下车后找不着方向。于是边吐着烟圈，边向路边卖西瓜的老人问路：“嘿，老头，去南村还有多少里？”见老人没有回答，又问了一句：“问你呢，去南村还有多少里？”老人抬起头，慢条斯理地回答：“往南村呀，还有 2 500 丈！”年轻人一听火了，说：“问你多少里，你说丈是什么意思？”老人说：“对你这种不懂里（礼）的人，我只能讲丈，不能讲里（礼）”。

思考：分析年轻人和老人的行为，哪些是礼貌的行为？哪些是无礼的行为？

深入思考

人们常说“礼多人不怪”，讲的是人际交往中要重视礼貌、礼节和礼仪。请结合个人的体会谈谈你对礼貌、礼节和礼仪在生活中的作用和看法。

第二节　礼仪的特点和原则

一、礼仪的特点

礼仪作为现代人的行为规范，有它自身的特性，主要表现在以下几个方面：

1．普遍性

古今中外，从个人到国家，礼仪无时不在、无处不在。凡是有人类生活的地方，就存在着各种各样的礼仪规范。远古时代，人类为了求生存要祭神以求保护，这种礼仪形式至今在一些偏僻地区依然存在，如在春节时，家家户户要摆起烛台祭祖宗，祭天神、地神和灶神，以求来年风调雨顺、阖家幸福。这是人类一种美好愿望的寄托，尽管有封建迷信的色彩，但仍旧作为一种礼仪而存在。礼仪的内容已渗透到社会的方方面面，从政治、经济、文化领域，到人们的日常生活，礼仪活动普遍存在。大到一个国家的国庆庆典，小到一个企业的开张志喜，再到人们日常生活中的接待、见面谈话、宴请等，均需要讲究礼仪规范，遵守一定的礼仪行为准则。

2．继承性

在礼仪发展的历程中，礼仪文化的发展是一个扬弃的过程，一个剔除糟粕、继承精华的过程。那些反映劳动人民精神风貌、代表劳动人民道德水平和气质修养的健康高尚的礼仪得到了肯定和发扬，而那些代表剥削阶级、帝王将相、封建迷信的繁文缛节得以根除。例如，古代的磕头跪拜之风早已被现代的握手敬礼所替代，至于古代朝见天子所需的三跪九叩，更是早已被抛进历史的垃圾堆；而那些“温良恭俭让”“尊老爱幼”的行为规范则得到了弘扬。这种变迁不仅反映了人类礼仪的一脉相承，也反映了礼仪在继承过程中得到了丰富发展，更突出了人类对那些代表礼仪本质东西的倾心和向往。礼仪变化的继承性必将随着人类历史的不断进步而发展。

3．民族性

由于各民族的文化传统和心理特征各不相同，因此各个民族和地区的礼仪形式及其代表的意义也都存在着差别。

同一礼仪内容在不同国家、不同民族中可以有不同的表现形式。在我国，人们相见时行握手礼，双方的性别、年龄和职位等因素决定着由谁主动握手。欧美人在见面时有行拥抱礼和接吻礼的习惯，而行礼的方式因被问候人的身份不同而有所区别。日本人在见面时行鞠躬礼，而鞠躬的深度直接与被问候人受尊敬的程度有关。

同一礼仪形式在不同国家、不同民族中也可能代表不同的意义。例如，在美国家庭中，子女可以直接呼父亲的名字，而这一做法在中国则是无理的表现，是被绝对禁止的。由此可见，各民族的礼仪形式与其文化传统、道德观念有着直接的关系，礼仪的民族性特征非常明显。在现代社会生活中，各地区、各民族的人们在礼仪形式方面应互相了解、互相尊重、求同存异、入乡随俗。

4. 多样性

在人类社会生活中，礼仪与每个人都有联系，涉及人们生产、生活的各个方面。世界各地的礼仪形式众多，几乎没有人能说清楚世界上到底有多少种礼仪形式。从语言的表达礼仪到文字的使用礼仪，从举止礼仪到服饰礼仪，从宗教礼仪到风俗礼仪等，在不同的国家、不同的场合，礼仪的表达方式各不相同。例如，在国际交往礼仪中，仅见面礼节就有问候礼、点头礼、握手礼、亲吻礼、合十礼和脱帽礼等多种形式。

活动平台

说说自己家乡的一些生活礼节，并在小组中进行交流，体会各地表达礼仪方式的异同。

案例学习

重视每一位顾客

一日，汤姆·霍普金斯和往常一样打开了样板房，等待顾客上门。

不一会儿，一辆破旧的车子驶进了屋前的车位上，一对年老邋遢的夫妇走了进来。汤姆热情地和他们打招呼表示欢迎。此时，建筑商杰尔却摇头示意汤姆："别在他们身上浪费时间"。汤姆没有理会，依然热情耐心地接待这对老年夫妇。认定汤姆在浪费时间的杰尔恼怒地离去了。

汤姆带着这对老年夫妇仔细地参观这栋豪华房子，房屋内部气派典雅的格局深深地打动了这对老年夫妇。

在参观完房子的每一个角落后，这对老年夫妇私下商量了5分钟，做出了最终决定。丈夫从外套口袋里取出了一个破损的纸袋，拿出一沓钞票，堆在楼梯的梯级上。这是老人一辈子担任酒店服务生领班积攒下来的小费……

杰尔回来看到那张已签好的合同，惊呆了！

二、礼仪的原则

在日常生活中学习、应用礼仪，有必要在宏观上掌握一些具有普遍性、共同性和指导性的礼仪规律，这些礼仪规律，即礼仪的原则。

1. 遵守

每一位参与者，不论身份、职位高低，财富多寡，都必须自觉地遵守礼仪，以礼仪去规范自己在交际活动中的一言一行。

2. 自律

古人云："己所不欲，勿施于人"。学习、应用礼仪，最重要的就是自我要求、自我对照、自我反省。只要求别人讲究礼仪，自己不讲究礼仪，不能称之为真正的礼仪。

3. 尊敬

孔子曰："礼者，敬人也"。尊敬是礼仪的本质，尊敬原则就是要求人们在交际活动中，与交往对象互谦互让、互尊互敬、友好相待、和睦共处。

4. 宽容

在交际活动中运用礼仪时，既要严于律己，更要宽以待人。由于习惯、地域等不同，礼仪会表示出各自的特点。因此，对不同于自己习惯的行为要能包容，不必处处以自己的标准来要求别人。必须遵循入乡随俗，与绝大多数人的习惯保持一致，不能目中无人、自以为是，更不要否定他人的习惯性做法。

5. 平等

礼仪的核心是尊重交往对象、以礼相待。对任何交往对象都必须一视同仁，给予同等程度的礼遇。不能因为对方在年龄、性别、种族、文化、职业、地位、身份、财富及与自己的亲疏关系等方面有所不同，就区别对待、厚此薄彼。

6. 适度

应用礼仪时必须注意技巧，合乎规范，特别是要做到把握分寸、认真得体，切忌过犹不及。礼仪如果做得过了头，也会让人觉得不舒服，从而达不到应有的效果。

7. 真诚

英国哲学家弗兰西斯·培根说："行为举止是心灵的外衣"。待人以诚、诚心诚意、诚实无欺、言行一致、表里如一，这些都是礼仪最基本的原则。只有真诚地对待每一个人，才会更好地被对方所理解和接受。

案例学习

六尺巷的故事

康熙时的文华殿大学士兼礼部尚书张英在京做官，邻居吴氏欲侵占他的宅边地，家人驰书北京，要张英凭官威压一压吴氏气焰。谁知张英却回诗一首曰："千里修书只为墙，让他三尺又何妨。万里长城今犹在，不见当年秦始皇"。意思很明白：退让。家人得诗，主动退让三尺。吴氏闻之，受到震动也后撤三尺，三加三等于六，才成了"六尺巷"。不与人计较斤两得失，大度处之。

请根据此案例，分析在人际交往中如何运用礼仪的原则。

深入思考

结合自己的生活体验，思考在建设和谐社会的今天，我们应该如何更好地遵循礼仪的原则与他人交往。

第三节　东方礼仪与西方礼仪

东西方礼仪，性相近，习相远。21世纪是东西方文化全面交流的时代，在经济全球化的大背景下，东西方礼仪的交流、碰撞、融合已呈不可抵挡之势。进一步提升旅游服务人员的礼仪素养，已成为提高旅游企业核心竞争力的重要途径之一。

一、东方礼仪特点

古老的东方，以其富有人情味的传统礼仪向世人散发着无穷的魅力。东方礼仪有以下特点。

1．重视血缘

东方的民族都非常重视家族和血缘关系。“老吾老以及人之老，幼吾幼以及人之幼”，敬老爱幼之风，自古皆然。在中国、日本、韩国的家庭里，三世同堂，共处一室，这在西方人看来是不可思议的。“落叶归根”“父母在，不远游”，无不体现出东方人强烈的家庭种族观念。

2．谦逊含蓄

与率直坦诚的西方人相比，东方人显得谦逊含蓄。中国人或日本人在送人礼物时，尽管礼物是经过精心挑选的上品，但在送人时也总会恭敬地说些“微薄之礼，不成敬意，请笑纳”之类的谦语。而西方人在送人礼物时，则会说：“这是最好的礼品”。一位东方姑娘面对称赞她美丽漂亮的先生，若不摇头否定会被看作是失礼的；而一位西方姑娘若不对称赞她漂亮的先生说声“谢谢”，则被看成是不礼貌的。

3．强调共性

在西方，提倡个性自由，崇尚个人力量；而在东方，国家、民族甚至“集团”的凝聚力非常强烈。在日本，企业的经营充满着家族式色彩，富有人情味，人人视为集团谋事出力为荣。

4．礼尚往来

“来而不往，非礼也”。基于这种思想，东方人很注重还礼。例如，突然接受礼品而无物可还时，即便是用纸张代替，也要放入对方送礼的容器里，以示自己的答谢之情。

二、西方礼仪特点

西方礼仪的产生与西方文明的发展有着密切的关系。西方礼仪萌芽于古希腊，形成于17—18世纪的法国，其间深受古希腊、古罗马和法兰西文化的影响。西方礼仪有以下特点。

1．简单实用

西方礼仪是西方各国人民在长期的实践活动中产生和形成的，因此西方礼仪具有很强的实用性。但在东方人看来，西方人不够谦恭。

2．强调个人尊严

西方人维护个人尊严，崇尚个人的力量，追求个人的利益。在西方，冒犯对方“私人的”所有权是非常失礼的行为。因为他们尊重别人的隐私权，也要求别人尊重他们的隐私权。但东方人往往觉得西方人冷漠、无情、没有生气。

3．自由平等开放

从古希腊开始，在与自然的抗争中，西方人形成了独立进取的乐观精神，提倡人人平等，积极参与竞争。西方人崇尚个人自由，相对东方人，西方人的家族观念不强。

4．尊重妇女

在西方，“女士优先”不只是一个口号，而是长期真实地体现在生活中，东方人的男权观念则相对严重。

案例学习

某东方要员夫妇访西，西方要人到机场迎接。西方人士对东方要人讲了这样一句客气的话：“Your wife is very beautiful.”（您的夫人非常漂亮）。东方要人按照东方习惯表示谦虚，忙说：“哪里，哪里”。不料西方译员不懂，直译为“Where? Where?”逼得西方要人只得回答道：“Everywhere!”（到处都漂亮）。

请根据此案例，分析东西方礼仪有何差异，在国际交往活动中应如何更好地将两者融合。

三、东西方礼仪的差异

东西方礼仪的差异见表1—1。

表 1—1　东西方礼仪的差异

礼仪差异	说　明
对待血缘亲情	东方人非常重视家族和血缘关系，“血浓于水”的传统观念根深蒂固，人际关系中最稳定的是血缘关系；西方人独立意识强，相比较而言，不太重视家庭血缘关系，而更看重利益关系
表达形式	东方人以“让”为礼，凡事都要礼让三分，常显得谦逊和含蓄；西方礼仪强调实用，表达率直、坦诚
礼品馈赠	在中国，人际交往特别讲究礼数，重视礼尚往来，往往将礼作为人际交往的媒介和桥梁；西方礼仪强调交际务实，在讲究礼貌的基础上力求简洁便利，反对繁文缛节、过分客套造作
对待“老”的态度	东方礼仪一般是老者、尊者优先，凡事讲究论资排辈；西方礼仪崇尚自由平等，在礼仪中，等级的强调没有东方礼仪那么突出，而且西方人独立意识强，不愿老，不服老，特别忌讳“老”
时间观念	西方人时间观念强，做事讲究效率；相对来讲，东方人使用时间比较随意，时间观念比较淡漠

礼仪形式的区别并不与礼仪的宗旨相矛盾。不同时代、不同区域的礼仪文化所追求的正是人与人之间的和谐相处，而所遵循的基本原则正如老子所言“己所不欲，勿施于人”。由此可见，东西方礼仪不过是一棵大树上分开的两个枝杈罢了。

深入思考

请举出一个例子说明东西方人在礼仪上的不同特点和差异。

第四节　旅游服务礼仪与礼仪修养

注重旅游服务礼仪是表现对客人尊重或友好的需要。在旅游服务中注重礼仪、礼节，讲究仪表、举止、语言，执行操作规范，是体现主动、热情、周到服务的外在表现形式，目的是使客人得到精神上的愉悦和身心上的享受。

一、旅游服务礼仪的概念

旅游服务礼仪是指旅游服务人员在服务工作中，通过言谈、举止、行为等，对客人表示尊重和友好的行为规范。简单地说，就是旅游服务人员在服务过程中使用的礼仪规范和工作艺术。旅游服务礼仪是体现服务的具体过程和手段，使无形的服务有形化、规范化、系统化。

有形、规范、系统的服务礼仪，不仅可以树立旅游服务人员和旅游企业良好的形象，更可以塑造受客人欢迎的服务规范和服务技巧，能让旅游服务人员在和客人交往中赢得理解、好感和信任。

旅游服务礼仪主要以服务人员的仪容规范、仪态规范、服饰规范、语言规范和岗位规范为基本内容。

案例学习

东方大饭店的小杨从机场接客人回饭店。途中，小杨礼貌地与这位外国客人闲聊。从闲聊中，小杨知道客人到饭店放了行李，马上要去另一饭店会见一位客户。到饭店后，小杨不仅主动帮客人办理入住手续，还为客人叫好出租车等待客人上车。当客人见到待命的出租车，既感激又惊讶，因为他根本没料到小杨会帮他叫好车等他下来。因此，他很高兴地连声向小杨道谢。两天后，客人要离开饭店了，他特意去跟小杨道别：“小姐，我今天要离开你们饭店了，非常感谢你为我提供的礼貌和周到的服务，希望下次来的时候能再次见到你”。此刻，小杨也惊讶了，自己只不过主动为客人做了一些力所能及的小事，客人却记在心里，一阵喜悦和满足感使小杨露出了甜美的笑容。

思考：小杨为什么会得到客人的赞扬？从这个案例中，你对礼貌服务有什么新的认识？

深入思考

在旅游服务中，应该“时时处处见礼貌”，请你谈谈对这句话的理解。

案例学习

在一家星级宾馆，一位年轻的妈妈带小女孩上洗手间，为了图方便，抱着小孩在洗手盆小便。当班的服务员看到了，一脸严肃地批评道：“女士，你怎么不讲卫生，这样做是不对的”！一句话引起了客人的难堪和不满，继而发生争吵。

思考：服务人员的做法错了吗？如果你是服务员，你会怎么做？

二、旅游服务礼仪的作用

1. 礼仪修养反映了一个国家的形象

来自五湖四海的旅游者不可能有较长时间来了解某一地区或者国家，他们往往通过与其接触的旅游服务人员来判断、评价一个国家或一个地区的文明程度和精神风貌。旅游服务人员良好的礼仪修养会产生积极的宣传效果，能为其所在的企业、城市、国家树立良好的形象，赢得荣誉。

案例学习

一位实习生去一家日资饭店前厅实习。一天正值旅游旺季，大厅里宾客进进出出，络绎不绝。一位手提皮箱的客人走进大厅，行李员立即微笑地迎上前去，鞠躬问候，并跟在客人身后问客人是否需要帮助提皮箱。这位客人也许有急事吧，嘴里说了声："不用，谢谢"。头也没回径直朝电梯走去，那位行李员朝着那匆匆离去的背影深深地鞠了一躬，嘴里还不断地说："欢迎，欢迎"！这位实习生看到这情景困惑不解，便问身旁的值班经理："当面给客人鞠躬是为了礼貌服务，可那位行李员朝客人的后背深鞠躬又是为什么呢"？"既为了这位客人，也为了其他客人"。经理说，"如果此时那位客人突然回头，他会对我们热情欢迎留下印象，同时也是给大堂里的其他客人看的，他们会想，当我转过身去，饭店的员工肯定对我一样礼貌"。

思考：这个案例可以使我们对服务礼仪的作用有进一步的了解，当面鞠躬热情问候——为了礼貌服务，背后鞠躬虔诚备至——为了树立良好的形象。这说明，服务礼仪对树立饭店良好形象，赢得宾客对饭店的好感，进而争取更多的客源能起到良好的作用。研究表明，来饭店的客人通常把尊重看得比金钱更重要，这就要求服务人员讲究服务礼仪，使客人感到他在酒店里受到了尊重。

2. 对客尊敬友好，表现服务人员素质

运用服务礼仪，除了可以使服务人员在对客人服务时胸有成竹、处变不惊之外，还能够帮助服务人员规范自身行为，更有效、更好地向宾客表达自己的尊重、友好与善意，给宾客留下一个美好印象。这就要求旅游服务人员在服务中要注重仪表、仪容、仪态和语言规范，以此表现待客礼貌。同时，旅游服务人员还要发自内心、满腔热忱地向宾客提供主动、周到的服务，从而表现出服务人员良好的风度与素养。

活动平台

国内有一位知名的礼仪专家在其论述中谈及服务礼仪的主旨时，曾经非常生动地讲道："当一名服务人员在自己的工作岗位上为客人提供服务时，能够非常规范地运用

服务礼仪，固然最好。即使做不到这一点，比如说，他不知道到底应该怎样去做，或者他已经做错了，但是只要他能让对方感受到自己不是有意而为，并且能够表现得对对方不失敬重之意，对方一般不会非难他”。

1. 请分组讨论这段话，说出这段话所表达的含义。
2. 看完这段文字，你对服务礼仪有何新的认识？
3. 你对服务礼仪的主旨是如何理解的？

3．服务礼仪是解决旅游服务纠纷的润滑剂

旅游服务接待工作接触面广，不同国家、不同民族甚至不同个人的信仰与生活习惯都不相同，在旅游服务过程中，发生一些纠纷是不可避免的。要处理好纠纷，需要旅游服务人员有较高的礼仪修养水平。无论纠纷是旅游服务人员的原因还是旅游者的问题，处理纠纷的第一原则是发扬“礼让”的精神，以平息事态，不允许有任何与旅游者争吵、打斗的不礼貌言行。因为旅游服务人员的不礼貌行为只会激化矛盾，使事态进一步恶化。

知识链接

曼谷东方宾馆的服务礼仪观念

曼谷东方宾馆坐落在泰国首都曼谷风光秀丽的湄南河畔，曾被美国权威的《公共事业投资者》杂志评为“世界最佳饭店宾馆”。东方宾馆具有114年的历史，宾馆经理认为：“最佳宾馆是由最佳员工创造的，而最佳员工则是靠严格的培训产生的”。该宾馆有员工2 980人，年培训费高达几万美元，宾馆的新员工在上岗前均须经过为期半年的业务技能和礼仪训练，以后每隔一段时间还要进修。宾馆规定，员工不能与客人争吵，发现谁与客人争吵，立即解雇。所以该宾馆的员工对待客人均态度和蔼、彬彬有礼。最佳员工给宾馆赢得了声誉，树立了良好的形象，许多客人专程远道慕名而来。

4．礼仪修养可以改善企业内部的经营环境

一个旅游企业往往由多个分工不同的部门组成，每个部门之间都存在着相互协作、相互支持的关系。要想建立良好的内部和外部环境，提高自身的知名度和美誉度，就需要企业人员之间、部门与部门之间都能够相互支援、相互体谅，遇事能够从对方的角度着想，在沟通方面注意礼仪和分寸。这样不仅可以调节企业员工之间、部门之间的关系，形成相互尊重、团结协作的风气，而且还可以减少工作内耗，提高工作效率。

三、礼仪素质的养成

古人云：“玉不琢，不成器”。礼仪修养反映出一个人的学识、修养、品格、风度，是一个人人格的外在体现。礼仪素质养成是一个自我认识、自我养成、自我提高的过程，是通过有意识的学习、仿效、积累而逐步形成的。只有具备了高度的自觉意识，礼仪才会转化为自觉的行动，在日后工作中才会有良好的礼仪习惯。

1．自觉接受礼仪教育

学生的服务礼仪意识和行为不是先天就有的，而要依靠教师的指点，依靠不断地培养，依靠良好的社会和学校环境影响逐渐养成。通过礼仪学习和教育，使学生明确服务礼仪标准和要求，认识礼仪养成的重要性，树立良好的礼仪意识，产生强烈的自我修养愿望，从而产生积极的礼仪行为。

旅游礼仪培训

2．注重参与礼仪实践

礼仪修养关键在于实践，见诸于行动。学生要努力加强礼仪养成的实践，要以积极主动的态度，坚持理论联系实际，将自己学到的礼仪知识应用于社会生活实践的各个方面。要在生活中、校园里和社会上的各种场合中，时时处处自觉地从大处着眼、小处着手，以礼仪的准则来规范自己的言谈举止。

礼仪与道德文化是相辅相成、互相补充的。举止大方、温文尔雅、彬彬有礼的风度是以良好的道德文化修养为基础的。因此，学生要提高自己的礼仪修养，就必须树立正确的价值观，养成良好的职业道德，同时有意识地广泛学习科学文化知识，使自己具备一定的知识素养。

语言文明

待人有礼

行为礼貌

3．不断加强自我反省

古人强调提高个人修养要注意反躬自省，“吾日三省吾身”。礼仪养成既要注重自我监督，又要处处注意自我检查。这样，将有助于自己发现缺点，找出不足，将礼仪养成真正变为学生个人的自觉行动和习惯做法，努力做到“习惯成自然”。

活动平台

以平常生活和学习为背景，分析自身行为有待改进的方面，为自己制订一份文明礼仪培养计划书，并努力按照计划去做。

思考与练习

1．东西方礼仪各具有什么特点？

2．什么是旅游服务礼仪？注重旅游服务礼仪有哪些重要作用？

3．如何养成良好的礼仪素质？

第二章

chapter 2

旅游服务人员的形象礼仪

旅游服务人员相貌端庄，精神饱满，会使宾客感到服务人员充满活力，也是对自己的尊重，从而平添几分好感。然而，美丽的容貌是可遇不可求的，但遗憾之处是可以被修饰弥补的。旅游服务人员要注意自己的仪容修饰。

学习目标

- 了解仪容、仪态、仪表的概念。
- 掌握旅游服务人员仪容、仪态的具体规范。
- 掌握旅游服务人员的正确着装规范。
- 掌握旅游服务人员饰品佩戴的基本要求。

第一节　仪容礼仪规范

一、仪容的概念

仪容是指个人的容貌，它由发式、面容以及所有未被服饰遮掩、暴露在外的肌肤（如手、颈）构成。在个人仪表美中，仪容起着举足轻重的作用。

二、旅游服务人员的仪容规范

1．头发的修饰

头发是仪容修饰的重中之重，一位资深的形象设计专家曾经指出：“在一个人身上，正常情况下最引人注意的地方，往往首先是他对自己头发所进行的修饰”。

旅游服务人员头发修饰的要求见表 2—1。

表 2—1　旅游服务人员头发修饰的要求

类别	具体项目	要　求
保洁	清洗头发	每周至少清洗头发两三次
	修剪头发	至少每月修剪一次，最好半个月左右修剪一次
	梳理头发	上班前、换装上岗前、摘下帽子时、下班回家时都要自觉梳理头发
发型	确定长短	男女服务员头发的长短有不同的规定 男性服务人员头发不能过长，必须做到：前发不覆额，侧发不掩耳，后发不触领 女性服务人员头发长不过肩，不宜挡住眼睛。长发过肩者最好将长发盘束起来，不可披头散发
	选择风格	发型要体现庄重的风格，不宜使自己的发型过分时髦和前卫
美发	护发	长期坚持护发，选择好护发用品，采用正确的护发方法
	染发	如头发色泽不够黑，或有明显白发、杂色发，可将其染黑，不得将黑发染成其他的颜色
	烫发	在风格庄重的前提下可以烫发。切记不要将头发烫得过于繁乱、华丽，以免给客人造成喧宾夺主的印象
	假发	通常不提倡旅游服务人员为了妆饰佩戴假发，只有在头发出现掉发、秃发之时，才适于佩戴假发
	帽子	服务人员戴工作帽主要有四个目的：美观、防晒、卫生、安全。旅游服务人员在上班时不应戴时装帽

 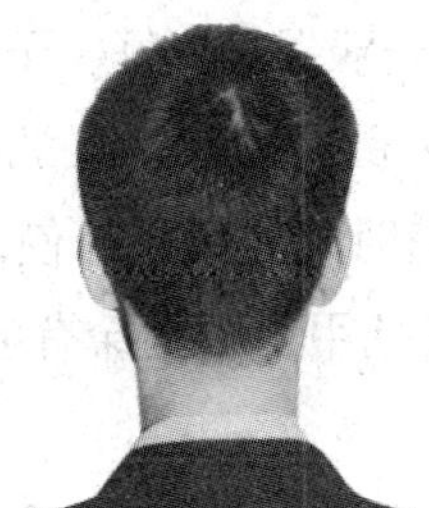   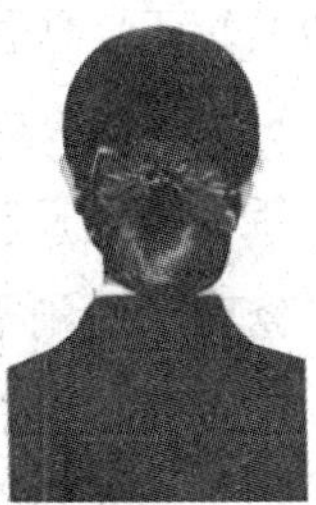

男女服务员头发长短的要求

知识链接

女性发型与体型的匹配

● 高瘦型。这种体型的人容易给人细长、单薄、头部小的感觉，比较适宜留长发、直发，头发长至下巴与锁骨之间较理想，且要使头发显得厚实、有分量。

● 矮小型。个子矮小的人发型应以秀气、精致为主，避免粗犷、蓬松，否则会使人产生头大身小的感觉。矮小型不适宜留长发，因为长发会使头显得大，破坏人体比例的协调。烫发时应将花式、块面做得小巧、精致一些。盘头也会给人以身材增高的错觉。

● 高大型。该体型缺少苗条、纤细的美感。为适当减弱这种高大感，发式上应以大方、简洁为好。一般以直发为好，或者是大波浪卷发，头发不要太蓬松。总的原则是简洁、明快、线条流畅。

● 矮胖型。矮胖者一般脖子显短，因此不要留披肩长发，尽可能让头发向高处发展，显露脖颈以增加身体高度感。头发应避免过于蓬松。

案例学习

某集团公司的王董事长接受电视台的采访，为了郑重起见，事前王董事长特意向特聘的个人形象顾问咨询有无特别需要注意的事项。顾问专程赶来，仅向王董事长提了一项建议：换一个较为儒雅而精神的发型，并且一定要剃去鬓角。理由是发型对一个人的上镜效果至关重要。果不其然，改变了发型之后的王董事长在电视上亮相时，形象确实焕然一新。其发型使他显得精明强干，谈吐使他显得深沉稳健。

思考：王董事长的发型改变使其形象得以提升，你可以举出生活中这样的例子吗？

2．手的清洁

手是旅游服务人员的“第二枚名片”，无论是握手寒暄、交换名片、递送文件、献茶敬酒，还是垂手而立，它都处于耀眼醒目之处。一双保养良好、干净的手，能给人以美感；一双“年久失修”、肮脏不堪的手，则会使人大倒胃口，影响别人对你的总体评价。

手的清洁反映一个人的修养和卫生习惯，要随时清洗双手，使之保持干净状态。要经常修剪和洗刷指甲，保持指甲的清洁；不得留长指甲，不要涂有色的指甲油。

洗手时，应注意以下要领：

（1）将手放置温水中浸泡 1 ~ 2 分钟，再打上香皂，用手或毛巾轻轻搓洗。指甲里外及指关节处最易存污垢，要仔细清洗。

（2）若手部皮肤较干燥，可选用油质护肤霜护肤。冬天外出时要戴手套，防止冻伤。

（3）常剪指甲，剪去指甲旁的皮刺。指甲宜剪得圆钝些，剪后再用指甲锉刀把粗糙的边缘锉平，不要有棱角。

（4）有条件时，可以在指甲上涂一层无色的指甲油，以保护指甲表面。

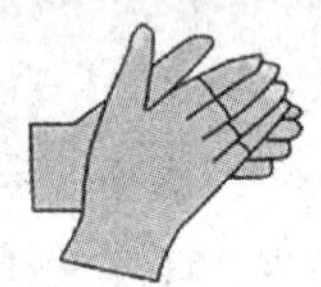

1. 掌心相对，手指合拢，相互揉搓洗净手掌

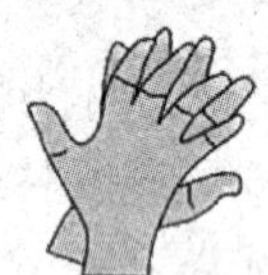

2. 手心对手背，手指交叉，沿指缝相互搓揉洗净手背

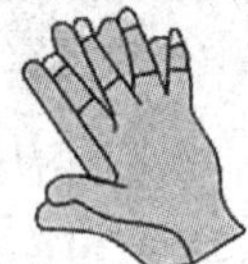

3. 掌心相对，双手交叉，相互搓揉洗净指缝

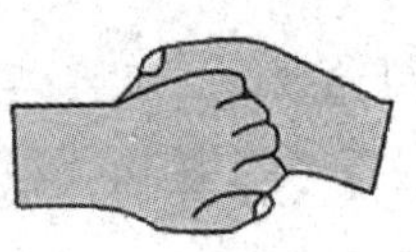

4. 双手轻合成空拳，相互搓揉洗净指背

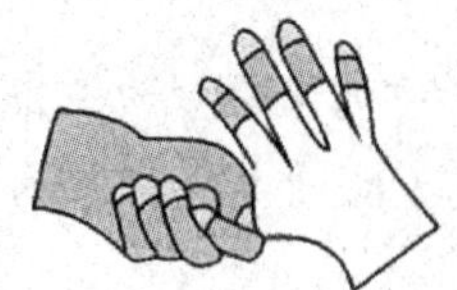

5. 一手握住另一手的大拇指旋转搓揉，洗净大拇指

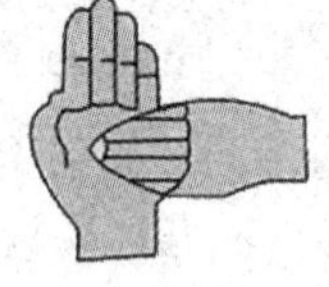

6. 将一手五指指尖并拢在另一手的掌心处搓揉，洗净指尖

六步洗手法

3．面部清洁

面部清洁的要领是：每日早晚洗脸，清除附着在面颊和颈部的污垢、汗渍等，使人容光焕发，显示活力。男子鼻毛应剪短，不留胡子；女子应化淡妆，避免使用气味浓烈的化妆品及香水。

4．口腔卫生

保持口腔卫生是与宾客交际的先决条件，要做到每日早晚科学地刷牙，饭后漱口，以便清除牙缝内的饭渣，防止牙石沉积。上班前不可饮酒，忌吃葱、蒜，口腔内不可有异味。

5．美容与化妆

（1）女性皮肤护理

女性皮肤护理要点见表 2—2。

表 2—2　　女性皮肤护理要点

皮肤的类型	典型特征	护理要求
中性	皮肤结实、有弹性，肤质柔软、有光泽，毛孔较细	选择化妆品的范围比较大，一般的膏霜类化妆品均可使用
干性	毛孔细润，无油腻感，但因缺乏水分和油分，风吹易干燥，天冷干裂、脱皮，且易早生皱纹	每日起床或睡前对肌肤进行彻底清洗，尽量避免磨面和使用含酒精的护肤品，在每日用润肤露中调和少许珍珠粉，涂于面部
油性	毛孔明显、粗大，肤质厚硬，色素较深，易发黑头、粉刺和暗疮	特别注意保持外部清洁，减少化妆品的使用，除外敷法外还可以采用内服护理方法以抑制皮脂腺过度分泌
混合性	T 字区（额头至鼻子间的部位）油性，其他部位显干性，冬天易皱而夏天更具油腻感	针对 T 字区进行彻底清洗，并避免在这一区域内使用化妆品，根据不同部位的肤质采用内服 + 外敷的护理方法
敏感性	皮肤干燥，缺乏油脂和水分，皮肤细嫩，面颊和鼻旁皮肤细紧而薄，有扩张毛细血管，对冷热极为敏感，如果选用不合适的化妆品，极易出现过敏红斑、水疱和瘙痒	一般情况下尽量少用清洁剂，可选择弱酸性洗面奶，洗脸水温度控制在 30℃左右，洗脸后宜用无刺激性的冷霜、雪花膏、橄榄油，或含高级脂肪醇原料的护肤膏，尽量避免使用含香精及 PABA 和荧光增白剂的防晒剂

（2）男性皮肤护理

男性皮肤的结构与女性皮肤有所不同，皮肤问题也不一样。男性由于荷尔蒙分泌的差异，皮脂腺分泌较女性旺盛，皮肤一般偏油性，毛孔粗大，青春痘比女性要多。

男性皮肤护理有以下重点：

每周使用一次磨砂膏着重清洁 T 字区。清洁完的皮肤要立即拍上爽肤水，以防止肌肤干燥，恢复表皮脂质层，滋润肌肤，保持水分平衡，舒缓面部压力，使皮肤清爽舒适。涂抹润肤露能形成保护膜，防止水分流失，补充男性皮肤深层水分和养分，防止皮肤松弛及出现皱纹，改善暗沉的肤色，使皮肤保持光泽有弹性。剃须时很容易给皮肤留下不起眼的细小伤口，所以，剃须后一定要涂上须后水和须后乳，调理、镇静紧张的肌肤，使其恢复生机，充满活力。

修面是对男性特殊的卫生要求。如果因为某种原因，几天不修面，他们就会感到不整洁、不精神。修面之后，把脸擦干，并抹上一些润肤用品。在节奏紧张的现代社会，特别是旅游服务人员往往工作时间较早，不妨在前一天晚上修面。

6．化妆

（1）化妆的原则

化妆在原则上要注意自然、得法、协调。具体而言，包括以下几个方面：

1）化妆要生动、自然，力求与本身的容貌融合成一体。

2）化妆虽讲究个性化，但也有共性之处。主要的共性有：工作时化妆宜淡，社交时化妆可以稍浓，香水不宜涂在衣服外部和容易出汗的地方，口红与指甲油最好为一色等。

3）化妆强调整体效果，应努力使妆面与全身协调、场合协调、身份协调。

（2）化妆的步骤与方法

就一般情况而言，女性服务人员上岗前的化妆，大体上可分为洗面部、打粉底、画眼线、施眼影、描眉形、上腮红、涂口红七个步骤，如下所示。

◎ 洗面部

目的：洁净面部。

操作：用中指和无名指指腹轻轻按摩揉搓，整个清洗过程不能超过3分钟，然后用清水洗净。

注意：选用适合自己皮肤类型的洁面乳。

◎ 打粉底

目的：调整面部肤色，使之柔和美化。

操作：选择粉底霜，用海绵蘸取适量的粉底，细致涂抹，使之均匀。

注意：粉底霜与肤色反差不宜太大；可以在脖颈部打上粉底，以免面部与脖颈部“泾渭分明”。

◎ 画眼线

目的：使眼睛生动有神，并且更富有光泽。

操作：笔法先粗后细，由浓而淡；上眼线从内眼角向外眼角画，下眼线从外眼角向内眼角画。

注意：一气呵成，生动而不呆板；上下眼线不可在外眼角处交汇。

◎ 施眼影

目的：强化面部立体感，使双眼明亮传神。

操作：选择适于个人肤色的眼影；由浅而深，施出眼影的层次感。

注意：眼影的色彩不宜鲜艳；工作妆应选用浅咖啡色眼影。

◎ 描眉形

目的：突出或改善个人眉形以烘托容貌。

操作：修眉，拔除杂乱无序的眉毛；逐根对眉毛进行描眉形。

注意：使眉形具有立体感；注意两头淡，中间浓；上边浅，下边深。眉笔颜色不宜过深过黑，以选用棕黑色为好。

◎ 上腮红

目的：使面颊红润，轮廓优美，显现健康活力。

操作：选择适宜腮红，延展晕染腮红，扑粉定妆。

注意：使腮红和唇膏或眼线属于同一色系；腮红与面部肤色过渡要自然。

◎ 涂口红

目的：改变不理想唇形，使双唇更加娇媚。

操作：用唇线笔描好唇线，涂好唇膏，用纸巾吸去多余的唇膏。

注意：先描上唇，后描下唇，从左右两侧沿唇部轮廓向中间描画；描完后检查一下牙齿上有无唇膏的痕迹。

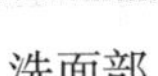
洗面部

打粉底

画眼线

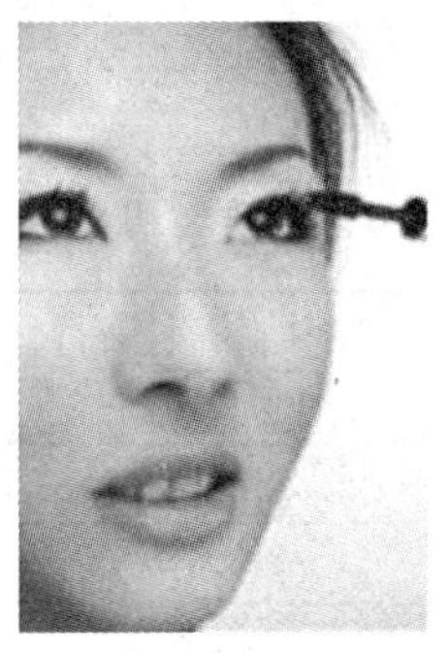
施眼影

描眉形

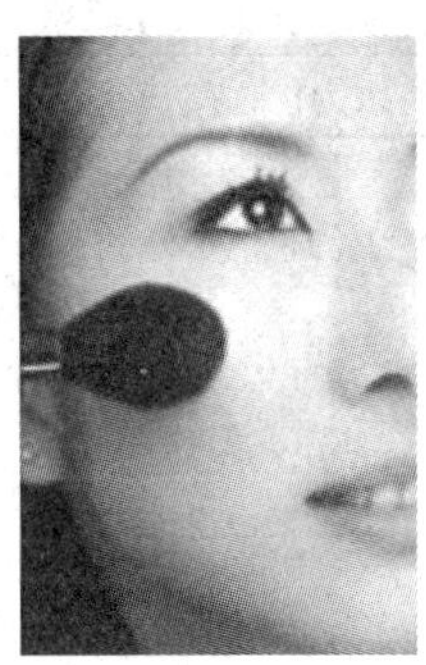
上腮红

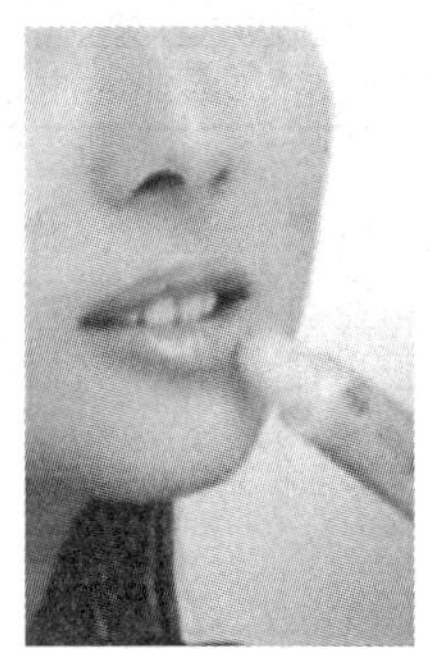
涂口红

知识链接

香水使用注意要点

在工作岗位上，旅游服务人员可以适当使用香水。芬芳的香水可醒脑提神，驱虫除味，使人魅力倍增，风度迷人。然而，要正确使用香水，须注意以下几点：

（1）忌过量使用。

（2）忌使用部位不当。

（3）忌身体不洁时使用。

（4）忌不同香水混合使用。

模拟演练

1. 旅游服务人员除了上班外，还会经常参加宴会等活动，请你查找相关资料，根据所学知识，为自己化一个宴会妆。

2. 用简单的化妆工具为自己化一个淡妆，请老师对你的化妆做出评价并指出不足之处。

3. 请按照旅游服务人员的基本要求，清洗、梳理并修剪自己的头发。全班分成若干小组，同组内相互评价每一位同学对头发的修饰效果（通过讨论确定最终评价），并提出具体意见。

将同组同学对自己的最终评价记录在下表中。

评价 项目	优	良	合格	不合格
干净程度				
修剪情况				
长短情况				
发型风格				
总体感觉				
备注：评价等级为优、良、合格、不合格四等				

参考同组同学的意见，你认为自己对头发的修饰还有哪些可以改进的地方？怎样改进？

第二节　仪态礼仪规范

一、仪态的概念

仪态是指人的举止行为。站有站相、坐有坐相、温文尔雅、从容大方、彬彬有礼已成为现代人的一种文明标志。仪态是一种无声的肢体语言，反映了服务人员的服务心理状态和个人的内在修养。正如达·芬奇所说：“从仪态了解人的内心世界，把握人的本来面目，往往具有相当的准确性与可靠性”。

仪态举止是一种无声的肢体语言

二、旅游服务人员的仪态规范

1．站姿

站立是人们生活、工作及社会交往中最基本的举止之一。正确的站姿是旅游服务人员必须把握的，而一切错误的站姿都会被看作不雅或失礼。站姿是服务工作中第一引人注视的姿势，它是仪态美的起点，又是发展不同动态美的基础，良好的站姿能衬托出美好的气质和风度。礼貌规范的站姿可以给人舒展俊美、精神饱满、信心十足、积极向上的第一印象，为优质服务打下良好的基础。因此，必须养成讲究站姿的良好习惯，并不断加强训练，早日掌握。

站姿的具体要领是：头正、梗颈、展肩、挺胸、收腹、提臀、腿直、平视和微笑。

（1）站姿的基本类型（见表 2—3）

表 2—3　　站姿的基本类型

类型	说明	图示
标准站姿	抬头、目视前方，挺胸直腰、肩平，双臂自然下垂，收腹，双腿并拢直立，脚尖分呈 V 字形、身体重心放到两脚中间	

续表

类型	说明	图示
叉手站姿	两手在腹前交叉，右手搭在左手上，直立。这种站姿，男子可以两脚分开，距离不超过20厘米。女子可以用小丁字步，即一脚稍微向前，脚跟靠在另一脚内侧。这种站姿端正中略有自由，郑重中略有放松。在站立时身体重心还可以在两脚间转换，以减轻疲劳，这是一种常用的接待站姿	
背手站姿	双手在身后交叉，右手贴在左手外面，贴在两臀中间。两脚可分可并，分开时，不超过肩宽，脚尖展开，两脚夹角成60度，挺胸立腰，收颌收腹，双目平视。这种站姿优美中略带威严，易产生距离感，所以常用于门童和保卫人员。如果两脚改为并立，则突出了尊重的意味	
背垂手站姿	一手背在后面，贴在臀部；另一手自然下垂，手掌自然弯曲，中指对准裤缝。两脚可以并拢也可以分开，还可以成小丁字步。这种站姿男士多用，显得大方、自然、洒脱	

以上几种站姿与旅游服务工作联系密切。在日常生活中适当运用，会给人以挺拔俊美、庄重大方、舒展优雅、精力充沛的感觉。要掌握这些站姿，必须经过严格的训练，长期坚持，形成习惯。

（2）不良站姿

旅游服务人员在服务工作中，如果站姿不正确就会显得姿态不雅，对宾客也是一种不尊重。服务人员要克服以下几种不良站姿：

1）身躯歪斜。如头偏、肩斜、身歪、腿曲，或是膝部不直。身躯歪斜不但看上去不美，而且还会令人觉得该服务人员颓废消沉、萎靡不振、自由放纵。

2）弯腰驼背。如腰部弯曲、背部弓起、颈部弯缩、胸部凹陷、腹部挺出、臀部撅起等不良体态。弯腰驼背会显得服务人员缺乏素养，对个人和企业形象都有损害。

3）趴伏倚靠。在服务过程中，服务人员随随便便地趴在一个地方，或伏在某处左顾右盼，或倚着墙壁，靠在桌柜边上，都是不许可的。

4）双腿大叉。服务人员应切记：自己双腿在站立时分开的幅度，通常以越小越好。双腿并拢最好，两腿分开的距离不宜超过肩宽。

5）脚位不当。服务人员在工作岗位上站立时，双脚脚尖靠在一处，而脚后跟之间却大幅度地分开成“人”字式，或一只脚站在地上的同时，将另外一只脚踩在鞋帮上、踏在椅面上、蹬在窗台上、跨在桌面上成蹬踏式。这两种脚位看上去都是不堪入目的。

6）手位不当。不当的手位在站立时主要有：将手放在衣服口袋里，将双手抱在胸前，将两手抱在脑后，将双肘支于某处，用两手托住下巴，手持私人物品等。

7）半坐半立。在工作中，服务人员因贪图安逸，而擅自采取半坐半立之姿，会让人觉得过于随便。

模拟演练

分小组进行站姿训练。

1. 靠墙训练

要求学生脚后跟、小腿肚、臀部、双肩、头部的后下部位和掌心靠墙。

2. 顶物训练

要求学生把书本放在头顶中心，头、躯体自然保持平衡，以身体的八个方位来进行训练，可以纠正低头、仰脸、头歪、头晃及左顾右盼的毛病。

3. 查找不足，让学生对照站姿标准互相指出不足，或对照镜子自己找出不足。

训练每次应控制在 20 ~ 30 分钟，训练时最好配上轻松愉快的音乐，以调整训练时的单调性，减轻疲劳感。

顶物训练

2．坐姿

坐的姿势一般称为坐姿，指的是人在就座以后身体所保持的一种姿势。对旅游服务人员而言，不论是工作还是休息，坐姿都是其经常采用的姿势之一。

正确的坐姿要求服务人员必须做到："入座轻稳莫含胸，腿脚姿势须庄重，双手摆放要自然，安详庄重坐如钟"。具体要求见表2—4。

表2—4　坐姿的具体要求

动作	标准	具体内容
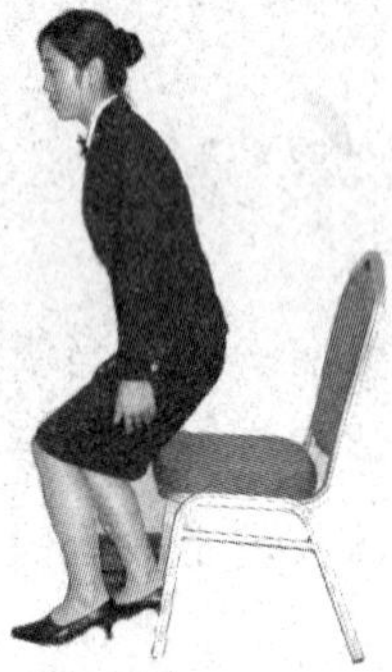 入座	顺序	要宾客和尊者先行入座，不可抢先就座
	方位	通常都是侧身走近座椅，从左侧就座
	体位	背对座椅，右腿后退一点，用小腿确定座椅的位置，上身正直，目视前方入座
	风度	就座时动作要轻而稳，尽量不发出任何响声干扰别人
	女子	着裙装入座时要事先从后向前双手拢裙，不可入座后整理衣裙
 坐态（一般要求）	头部	身体端正，双目平视，面带微笑，下巴内收
	躯干	挺拔直立，腰部内收，只坐椅子的1/2 ~ 2/3，不能坐满椅子或只坐椅子的一边
	双手	坐的是扶手椅，服务员双手搭放或一搭一放；坐的不是扶手椅，女服务员右手搭在左手上，可相交放于腹部或轻放于双腿之上；男服务员双手掌心向下，可自然放于膝盖上
	腿部	男子膝盖可以分开，但不可超过肩宽；女子膝盖不可以分开；脚部因脚位不同，有不同的坐姿（详见坐姿的种类）
	朝向	当与宾客进行交谈时，要注意不能只是转头，而应将整个上身朝向对方，以视对其重视和尊敬
 离座	示意	服务员要起立时，应用语言或动作向周围的人先示意，突然一跃而起会使周围的人受到惊扰
	顺序	离座顺序因场合而异。如果身份不同，一般是宾客先行离座；如果是地位不同，要尊者先行；地位相同时，可以同时离座
	轻稳	起身时要无声无息，不弄响座椅；站好后，方可离开，不能边离座边走开或起身就跑
	规则	要从左侧离开

旅游服务人员要努力避免以下不良坐姿：双腿叉开过大，架“二郎腿”，将腿放桌椅上，腿部抖动摇晃，仅脚跟接触地面，以脚蹬踏它物，以脚自脱鞋袜，以手触摸脚部，手部置于桌下，手臂支于桌上，双手抱在腿上，将手夹在腿间，上身向前趴伏，头部靠于椅背等。

活动平台

请同学们观察以下三幅图片，指出图片中女服务员的坐姿是否正确，如有不妥之处，请逐一指出来。

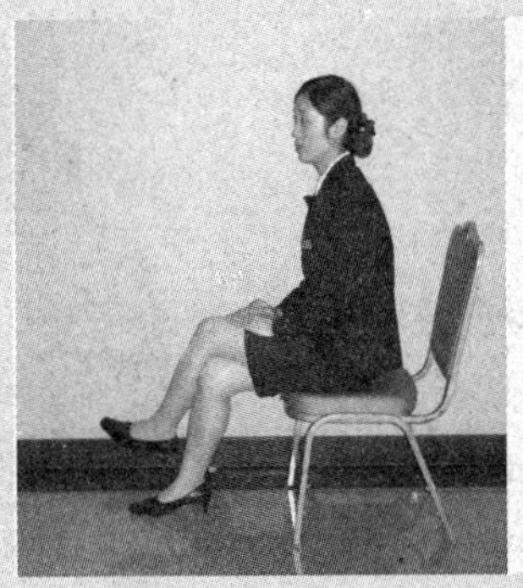
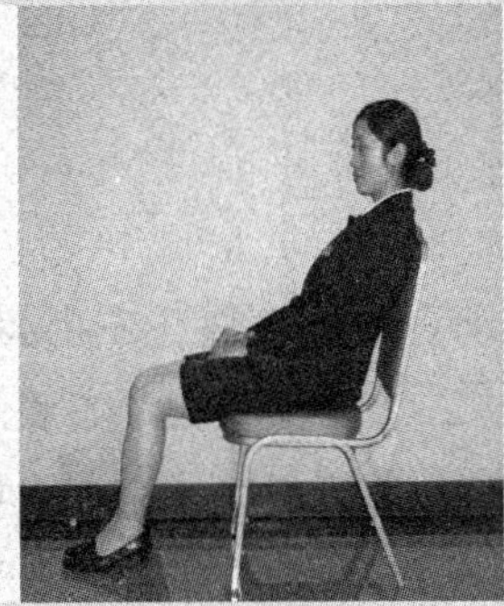
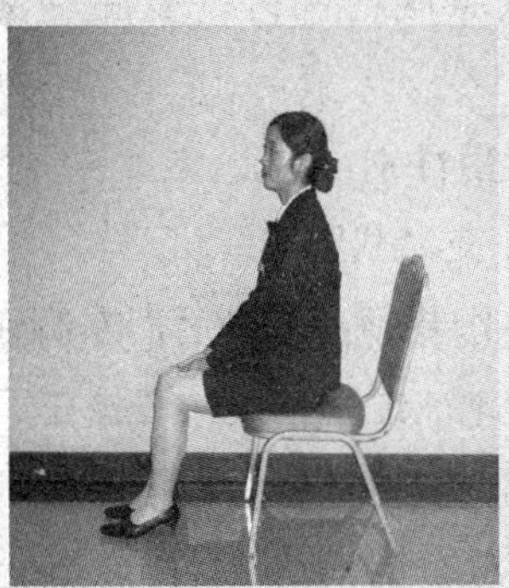

模拟演练

教师可采取先示范，学生后练习的方式，训练学生的坐姿。坐姿训练的内容主要是入座、坐态和离座三方面。其中，腿位的变化是训练的主要内容。也可以采取学生对镜训练法和同伴互练法进行纠正。

3. 蹲姿

蹲的姿态也被称为蹲姿，是服务人员身体在低处取物、拾物时所呈现的姿势。优雅的蹲姿可分为三个步骤：直腰下蹲（两脚一前一后，左脚在前，右脚在后，目视物品，直腰下蹲）；弯腰拾物（弯腰捡低处或地面物品，及整理鞋袜）；直腰站起（取物或工作完毕后，先直起腰部，使头部、上身、腰部在一条直线上，再稳稳站起）。

（1）蹲姿的类型

在旅游服务中，服务人员的蹲姿有三种标准类型：

◎ 高低式蹲姿

高低式蹲姿

动作要领：下蹲后，左脚在前，右脚在后；左脚完全着地，小腿基本垂直地面；右脚要脚掌着地，脚跟提起；右膝要低于左膝，右膝内侧可靠于左小腿的内侧，形成左膝高右膝低的姿态。臀部向下，基本上以右腿支撑身体。

适用性别：男女均可。但女士应注意靠紧双腿，男子两腿之间可有适当的距离。

单膝点地式蹲姿

◎ 单膝点地式蹲姿

动作要领：下蹲后，右膝点地，臀部坐在其脚跟之上，以其脚尖着地。另一条腿全脚掌着地，小腿垂直于地面。双膝同时向外，双腿尽力靠拢。这是一种非正式蹲姿。

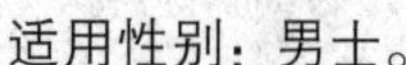

适用性别：男士。

◎ 交叉式蹲姿

交叉式蹲姿

动作要领：下蹲后，左脚在前，右脚在后，左小腿垂直于地面，全脚着地。左腿在上，右腿在下，二者交叉重叠，右膝从后下方伸向左前侧，右脚掌着地脚跟抬起，两腿前后靠近，合力支撑身体。上身略向前倾，臀部朝下。

适用性别：适合穿裙装的女士。

（2）不良蹲姿

旅游服务人员在服务工作中要尽量避免以下不正确的蹲姿：

1）弯腰撅臀

这种姿势对其后面的人来说是一种失礼、不敬的行为。尤其女服务人员穿裙装时不可采用此种蹲姿。

2）平行下蹲

这种姿势被称为“蹲厕式”蹲姿，不仅姿势不雅观，而且也是对他人的无礼。

3）下蹲过快

行进中，下蹲的速度过快，会令人产生突兀惊讶之感；下蹲的距离过近，容易造成彼此“迎头相撞”。

4）蹲歇

蹲在地上或椅子上休息是严格禁止的，也是旅游服务的大忌。

模拟演练

在教师指导下，学生练习用三种蹲姿拾取地上的钥匙，以掌握蹲姿的要领。

4. 走姿

行进姿势又被人们称为行姿或走姿，指的是服务人员在行走之时所采取的具体姿势。服务人员应当掌握的行进姿势的基本要点是注意稳重与干练；头部抬起，目光平视，双臂自然下垂，手掌心向内，并以身体为中心前后摆动；伸直膝盖，尤其是前足着地和后足离地时，膝部不能弯曲；男士步幅以一脚半距离为宜，女士步幅以一脚距离为宜；抬脚时，脚尖应正对前方，不能偏斜；沿直线行走，即两脚内侧应落在一条直线上；双臂以身为轴前后摆动幅度为 30 ~ 35 度。

走姿

旅游服务人员的行进姿态可根据行走的方向和服饰的差别划分为不同的种类，具体见表 2—5。

表 2—5　　旅游服务人员行走姿态类型及注意要点

分类方式	行走姿态	注意要点
按行走的方向划分	前行式走姿	行进中若与人问候时，要同时伴随头部和上身的左右转动，并微笑点头致意
	后退式走姿	当与他人告别时，应该先向后退两三步，再转身离去。禁止扭头就走
	侧行式走姿	引导时要走在来宾的左侧，身体稍向右转体，身体朝向来宾，保持两步左右的距离
	前行转身式走姿	前行左转时，左脚尖先向左转，同时迈出右脚；前行右转时，右脚尖先向右转，同进迈出左脚
	后退转身式走姿	后退需要转身时，当后退左转或后退右转时，先退行几步后，以一脚掌为轴 1 向另一方向转体 90°，同时迈脚

续表

分类方式	行走姿态	注意要点
按服饰的不同分类	穿西装的走姿	直立挺拔，以直线为主，走路的步幅可以略大些，手势要简捷、大方、明了，男子不晃肩，女子不摆髋
	穿旗袍的走姿	穿旗袍讲究亭亭玉立，要有曲线之美。因而不能塌腰撅臀，走路时两脚和两手的幅度不宜大，髋部可随着脚步和身体重心的转移稍向左右摆动
	穿裙装的走姿	穿长裙走路时要平稳，步幅可稍大一些，头部不能快速左右转动；穿短裙时要敏捷干练，步幅不宜太大，速度可稍快些，轻盈灵巧，面带微笑
	穿平底鞋的走姿	穿平底鞋自然随便，走路时要脚跟先着地，有一个由脚跟到脚掌过渡的过程，速度要均匀，重心平稳，给人以轻松大方的印象
	穿有跟鞋的走姿	穿半高跟鞋走路时身体要直膝立腰，收腹收臀，挺胸稍抬头，步幅要小，脚跟先着地，两脚落地时脚跟要落在一条直线上。服务人员在工作中，要克服各种错误行走姿态，走路时要避免出现八字步、左右摇晃、东张西望、蹦蹦跳跳、快速奔跑、阻挡道路、手部乱放等不雅姿态

模拟演练

在日常生活中，注意规范自己的站姿、坐姿和走姿，并进一步加强练习，养成良好的习惯。回家练习以上动作，每项动作不少于10分钟（可以采用顶物训练、背靠背训练、对镜训练的方法）。

5．表情

表情神态是指服务人员通过面部形态变化所表达的内心思想感情。服务人员的面部表情可以给宾客以最直接的感觉和情绪体验。服务实践表明：在观察一个人的表情神态时，人们往往以其面部为重点，并且尤为关注其眼神与笑容的变化。

（1）目光

目光就是看人所用的眼光。服务人员在对宾客服务中，要注意运用自己包含自信的目光，做到“散点柔视”，应将目光柔和地“照”在别人的整个脸上，而不是聚焦于对方的眼睛。

当双方沉默不语时，应将目光移开。注视的部位相对松散一些，目光柔和一些，不要长时间死盯一点，而不及其他。

目光凝视区域：1）公务凝视区域：以两眼为底线、额中为顶角形成的三角区；2）社交凝视区域：以两眼为上线、唇心为下顶角所形成的倒三角区；3）亲密凝视区域：从双眼到胸部之间。

注视时间：注视时间以双方相处时间的 1/3 ~ 2/3 为宜。

注视角度：正视对方是交往中的一种基本礼貌，其含意表示重视对方；在服务工作中平视宾客，表现出双方地位平等与服务员不卑不亢；仰视宾客时，可给对方重视和信任之感。

注视方式：服务人员在工作岗位上为多人进行服务时，通常有必要巧妙地运用自己的眼神，对每一位服务对象予以兼顾。

目光运用中的忌讳：盯视、眯视。

与人交谈时，两眼视线落在对方的鼻间，偶尔也可以注视对方的双眼。恳请对方时，注视对方的双眼。为表示对对方的尊重和重视，切忌斜视或光顾他人他物，避免让对方感到你非礼和心不在焉。

不良小动作：皱眉、眯眼、斜视、瞟视、瞥视、咬唇、咬物、作怪脸、单侧咀嚼等动作。

模拟演练

眼神练习

在教师的指导下，学生了解和掌握眼神训练的有关方法和技巧。

1. 香火训练法

点上一支香，视线集中于香头一点，并随其燃烧变化来转移视线。这种方法可以达到目光集中，眼睛明亮的目的。

2. 盯视训练法

眼睛盯住两三米距离的某一物体。先选择大范围，如物体的外形，盯住 2 分钟，不眨眼睛，然后逐渐缩小范围，将目光集中到物体的某一部分，最后再缩小到某一点。这种方法也可以达到目光集中，眼睛明亮的目的。

（2）微笑

微笑服务是服务人员最基本的礼仪要求。古人云：“没有笑颜不开店”。视微笑为效益和先导的“希尔顿式微笑”不仅挽救了经济大萧条时代的希尔顿饭店，而且造就了今天遍及世界五大洲近百家的五星级希尔顿饭店集团。希尔顿集团董事长唐纳·希尔顿曾经指出："酒店的第一流设备重要，而第一流的微笑更为重要。如果没有服务员的微笑，就好比花园失去了春日的阳光和春风"。

在服务岗位以微笑面对客人，有利于创造出一种和谐融洽的现场气氛，感染对方，使其倍感愉快和温暖；有利于化解服务中的矛盾和误会；有利于赢得顾客的赏识，获得良好的服务效果；有利于员工自身的身心健康。

真诚而甜美的微笑

案例学习

在内地一家饭店，一位住店台湾客人外出了，此时有一位朋友来找他，要求进他房间去等候，由于客人事先没有留下话，总台服务员没有答应其要求。台湾客人回来后十分不悦，跑到总台与服务员争执起来。公关部年轻的王小姐闻讯赶来，刚要开口解释，怒气正盛的客人就指着她鼻子尖，言词激烈地指责起来。当时王小姐心里很清楚，在这种情况下，勉强作任何解释都是毫无意义的，反而会招致客人情绪更加冲动。于是她默默无言地看着他，让他尽情地发泄，脸上则始终保持一种友好的微笑。一直等到客人平静下来，王小姐才心平气和地告诉他饭店的有关规定，并表示歉意。客人接受了王小姐的劝说。没想到后来这位台湾客人离店前还专门找到王小姐辞行，激动地说："你的微笑征服了我，希望我有幸再来饭店时能再次见到你的微笑"。

深入思考

微笑服务不仅要笑在脸上，更要笑在心里，微笑服务的真正内涵在于发自内心的真诚服务。你心中的微笑服务是怎样的呢？请谈谈自己的看法。

模拟演练

微笑练习

在教师指导下，学生依照以下方法进行微笑练习。重点掌握练习方法和要领，便于在业余时间自己加强微笑练习和意识培养。

微笑练习的步骤：

1. 嘴形笑

微笑可以微微露齿，也可以笑不露齿。首先，额头肌肉进行收缩，使眉位提高，眉毛略弯曲成弯月形。其次，双颊肌肉用力向上抬起，嘴里发“一”音，用力抬高嘴角两端，但要注意下唇不要用力太大；或唇形稍弯曲，嘴角稍稍上提，双唇关闭，不露牙齿，使面部肌肤看上去充满笑意。最后，自觉地控制发声系统，一般不应发出笑声。

2. 眼睛笑

眼睛的笑容有“眼形笑”和“眼神笑”。后者在人际交往中最能产生互动效应。其练习方法是：取一张厚纸遮住眼睛下边的部位，对着镜子，运用“情绪记忆法”，即将生活中某些令人愉快的事情储存在记忆中，在练习微笑时反复回忆当时的情景，眼睛之中便会露出自然的微笑，然后把纸挪开，再放松面部肌肉，嘴唇恢复原样，目光中仍会保留脉脉的笑意，这就是“眼神笑”，它会使人感到温暖与亲切。

3. 语言笑

要培养语言修养，以语助笑，以笑助语；使用敬语、雅语和谦语等礼貌用语时，要微笑先行，做到笑语皆美，声情并茂。

4. 举止笑

要培养优雅的举止，以姿助笑，以笑助姿，在训练规范的站姿、坐姿、走姿、手势等行为举止时，要配合微笑，做到举止端庄，落落大方。

活动平台

1. 父母回家时你面带微笑主动地说：“您辛苦了”（并接过手中衣物），请记录下他们的感受。

2. 从现在做起，当你在校时，见到所有的老师都要微笑着问好（进行礼仪养成教育，注重学习与实践相结合，全面提高学生素质）。

第三节 服饰礼仪规范

服饰是一种礼仪，是一种文化，也是国家和民族经济发展的一种标志。俗话说："三分人样，七分衣装"。衣着是人们审美的一个重要方面，人们对对方形成的第一印象常常源于衣着打扮。旅游服务人员的工作性质和特点要求一定要注意穿着打扮得体，离开了得体的穿着打扮就谈不上旅游服务人员的礼仪。所以应把着装看成是关乎"德诚于中，礼行于外"的大事情。

一、着装的原则

1．着装的"TPO"原则

"TPO"是英文 Time（时间）、Place（地点）、Occasion（场合）或 Object（目的）三个单词的首字母缩写。着装应与年龄协调，年轻人活泼些，中、老年人高雅些，居家、旅游休闲些，参加庆典等庄重些。

（1）时间原则

不同的时段着装规则对女士尤其重要。男士有一套质地上乘的深色西装或中山装足以应对各种时段和场合，而女士的着装则要随时间而变换。白天工作时，女士应穿着正式套装，以体现专业性；晚上出席鸡尾酒会等宴请活动时就须多加一些修饰，如换一双高跟鞋，戴上有光泽的佩饰，围一条漂亮的丝巾。服装的选择还要适合季节气候特点，保持与潮流大势同步。

（2）地点原则

在自己家里接待客人，可以穿着舒适而整洁的休闲服；如果是去公司或单位拜访，穿职业套装会显得比较专业；外出时要顾及当地的传统和风俗习惯，如去教堂或寺庙等场所，则不能穿过露或过短的服装。

（3）场合原则

衣着要与场合协调。与客人会谈、参加正式会议等，衣着应庄重考究；听音乐会或看芭蕾舞，应按惯例着正装；出席正式宴会时，应穿中国的传统旗袍或西方的长裙晚礼服；而在朋友家聚会、郊游等场合，着装应轻便舒适。试想一下，如果大家都穿便装，你却穿礼服就有些欠轻松；同样，如果以便装出席正式宴会，不但是对宴会主人的不尊重，也会令自己颇觉尴尬。

2．着装的配色原则

不同颜色的服装穿在不同人身上会产生不同效果。服装配色包括同类配色和衬托配色，要求服装的色彩是上浅下深或上深下浅。理想的配色是：

绿色——黄色，粉色——浅蓝

深蓝——红色，深蓝——灰色

黑色——浅绿，黄褐——白色

橄榄绿——红色，橄榄绿——骆驼灰

黑、白、灰是配色中的安全色，最容易与其他色彩搭配并易取得良好效果。

知识链接

肤色与服饰色彩的搭配

红黄结合，偏黄肤色：配白色、浅粉色、浅蓝色、白底小花服饰。

红黄结合，偏红肤色：配浅黄、白色、鱼肚白服饰。

浅褐色（黑色）皮肤：配白色、浅黄、浅粉服饰。

白黄色（白色）皮肤：一般颜色服饰都可选。如果皮肤特别白，宜穿较深色服装。

二、旅游服务人员的着装要求

旅游服务人员的着装要做到合适、合体、合时、合意，与自己的职业、身份、年龄、性别相称，与周围的环境、场合协调。

1．制服穿着规范

制服是标志一个人从事何种职业的服装，故又称岗位识别服。饭店服务人员在工作中，必须正确穿着制服。这不仅是对宾客的尊重，而且便于宾客辨认。同时也使穿着者有一种职业自豪感、责任感和可信度，是敬业、乐业在服饰上的具体表现。

前厅制服

餐厅制服

客房制服

酒吧制服

知识链接

穿着制服的具体注意事项

- 大小合身。
- 注意保持整体的挺括和清洁。
- 特别注意衣领和袖口，其上不应有脏迹，衬衣袖口应扣上纽扣。
- 制服上衣外面的口袋原则上不应装东西。
- 领带或领结要打正。
- 工号牌要按统一规定佩戴，不得擅自调换，不得挂在腰间，正确方法是戴在左胸前。
- 鞋袜要与制服配套协调。
- 穿着文明，不过多暴露身体部位，不外露内衣。

深入思考

小张是一位非常老实肯干的小伙子，在某饭店当餐厅服务员。平时，他工作任劳任怨，脏活累活总是抢着做，但他工作时衣服总是很脏。他认为，衣服穿得干干净净，不像个干活的样子，穿脏一点的衣服干活方便。他的观点对吗？请结合他的具体工作对其观点进行分析。

模拟演练

在教师指导下，利用校服进行制服穿着训练。可在班上举行仪表展示会，并进行评比。

2．男士西服穿着的一般规范

西服是全世界男士出席正式活动最流行的服装。在旅游服务过程中，饭店前台男接待人员的制服一般为西服，导游人员在正式场合也应穿着西服。很久以来，西服作为许多国家男士的正统服装，已经形成了一定的穿着规范。主流的西装文化给人一种有教养、有风度、有稳重感的印象。

（1）西服的穿着规范

一套合体的西服可以使穿着者显得风度翩翩。人们常说："西服七分在做，三分在穿"。穿着西服必须配套，导游人员在穿着西装时应注意以下几个方面：

1）与衬衫配套。饭店服务人员的衬衣颜色一般为白色。穿着时，领口与袖口要保持洁净，衬衣的领口与袖口要高（长）出西服的领口与袖口 1 ~ 2 厘米，以显示穿着的层次。衬衣的领子要挺括，衬衣的下摆要塞在裤子里。

2）与领带配套。在正式场合穿西服必须打领带，与制服相配合的领带选用单色即可。领带的长度以系好后大箭头垂直到皮带扣处为最标准。领带夹一般夹在衬衣的第三、四粒纽扣之间为好，主要是起固定作用，而不应该突出其装饰功能。

3）西服衣袋的使用。穿西服要注意用好口袋。西服上衣两侧的口袋只作装饰用，不可装物品，否则会使西服上衣变形。有些物品（如票夹、名片盒等）可放在上衣内侧口袋里。裤袋也不可装物品，以求臀部合适、裤形美观。手帕可装入裤子后兜内。

4）西服系扣习惯。西服有单排扣、双排扣之分。双排扣西服一般要求把全部纽扣系上，以示庄重；单排三粒扣西服，扣中间一粒或上两粒；单排两粒扣西服，只扣第一粒（又称"风度扣"），或全部不扣。如在正式场合，则要求把第一粒纽扣扣上，坐下时方可解开。饭店服务人员所穿西服一般为单排扣。

5）与鞋袜配套。正式场合，男子穿西服需配黑色皮鞋、深色袜子，鞋跟不超过3厘米，这样才能显得庄重大方。穿西服时，不能穿旅游鞋、轻便鞋、布鞋、凉鞋和雨鞋，不能穿白色袜子和色彩鲜艳的花袜子，不能穿半透明的尼龙或涤纶丝袜，也不能赤足穿鞋。

案例学习

长城上的“西服”团

去年秋天的时候，和朋友去爬长城，居然看到整整一个旅游团的男人都穿着西服和旅游鞋，这令我看得瞠目结舌。他们的衣服和鞋子显然是来到北京以后新买的，袖口的商标还赫然入目；脚下洁白的旅游鞋散发着崭新的光泽，每个人都打着一条领带，大红色、褚红色、明黄色等等都是鲜艳夺目，一齐拉拉扯扯、嘻嘻哈哈显得十分高兴。有的人会突然打开腰间皮带上的人造革质手机套，从里面抽出手机照相，还有的人爬不动的时候竟也会坐在台阶上，裸露出脚踝尼龙质地的花袜子。从他们身边经过的人无不侧目，这群穿西服、打领带爬长城的人，倒也成了一景。

模拟演练

男生按照规范要求穿着西装，请女生为其指出不足，并评出最佳着装男生。

（2）领带的系法

领带常见的系法有温莎结、驷马车结、半温莎结和普瑞特结几种。具体系法如下图所示。

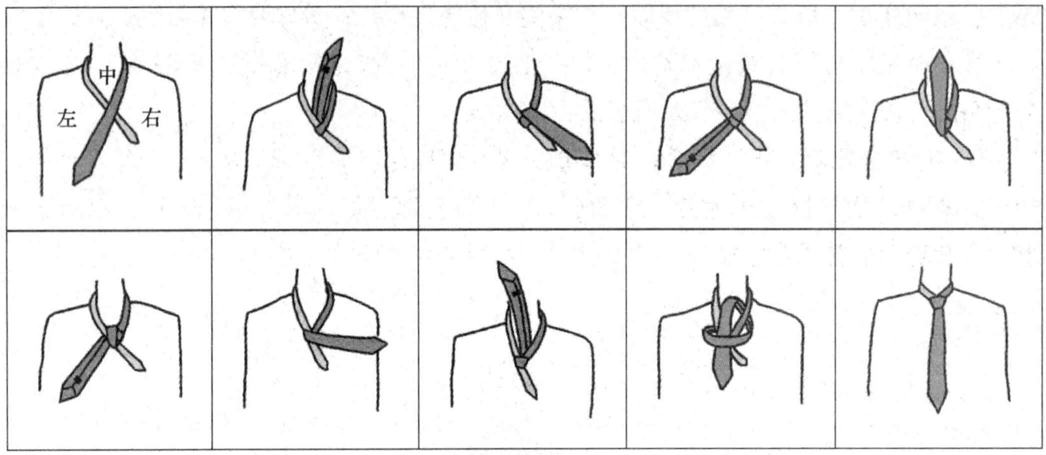

温莎结系法

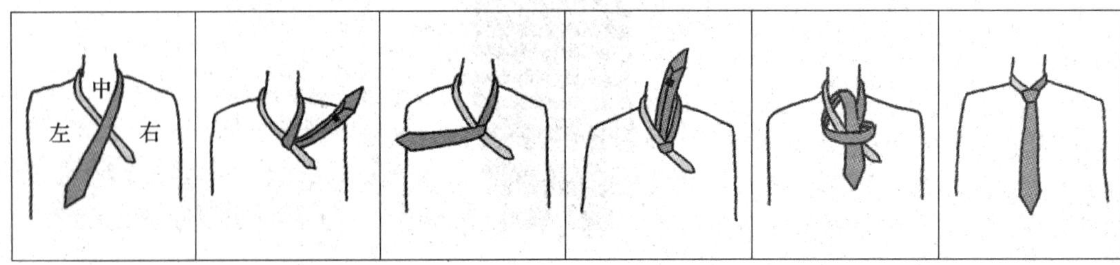

驷马车结系法

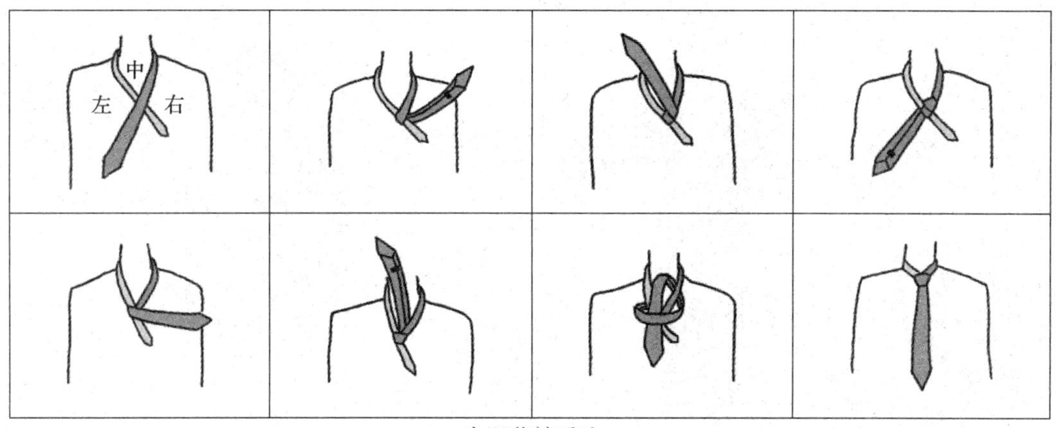

半温莎结系法

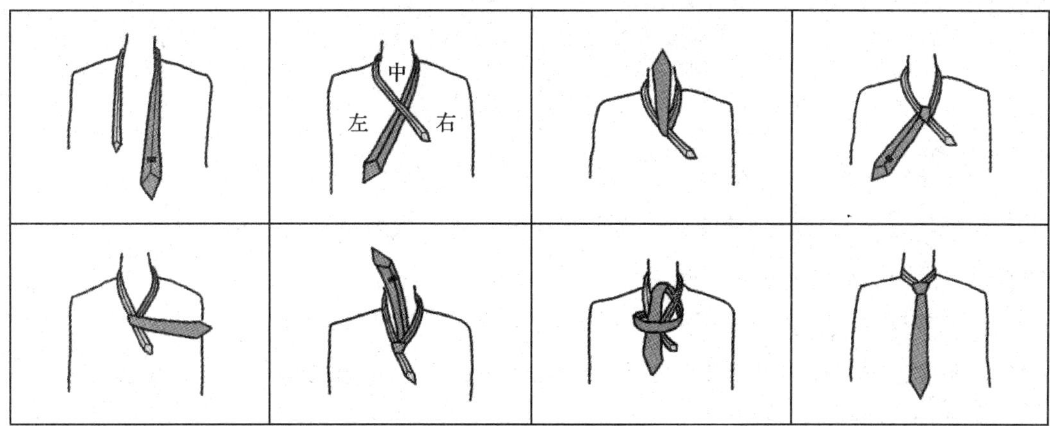

普瑞特结系法

模拟演练

反复训练领带的各种系法，直到熟练为止。与你的同学一同进行打领带比赛，评比打领带的美观程度、动作规范程度和速度。

3. 女士西装套裙着装规范

西装套裙是女士在正式场合的首选服装之一。它把潇洒、刚健的西装上衣与柔美、雅致的裙子结合在一起，刚柔相济、相得益彰，更显女人气质与韵味。因此，旅游服务人员也应掌握西装套裙的穿着规范。

（1）大小适度，穿着到位

套裙中的裙子最长可以达到小腿中部。上衣袖长以盖住着装者的手腕为宜。无论上衣或裙子，都不可过于肥大或包身。另外，着裙装时要认真穿好，处处到位。上衣不能披在或搭在身上，裙子要穿得端正、上下对齐，纽扣系好，裙子拉链拉好。

大小适度，穿着到位

（2）搭配适当，装饰协调

配套的衬衫面料要轻薄柔软，色彩应雅致端正，以单色为宜。衬衫的色彩与所穿套裙要互相匹配，或外深内浅，或外浅内深。

一定要穿内衣，内衣不得外露、外透，衬裙不可高于套裙的裙腰。鞋以黑色牛皮鞋为佳。着裙装时袜子穿着要非常注意，通常袜子以肉色长筒连裤袜为宜。鞋袜应大小相宜，无破损，袜口不可暴露于外。

衬衫与套裙的色彩形成深浅对比，衬衫下摆掖入裙腰

（3）兼顾举止，优雅稳重

旅游服务人员应注意自己的仪态，站则亭亭玉立，坐则优雅端正，行则轻盈流畅。由于裙摆所限，着裙装时走路应以小碎步为宜，行进之中，步子以轻、稳为佳，不可走

得“通通”直响。

4．导游人员服装规范

服饰是一种文化、一种“语言”，在给宾客留下第一印象方面起着重要作用，穿着整洁、雅致，具有无形的魅力。

导游人员的服装规范主要有以下几个方面：

（1）适合身份

导游人员的服饰应适合自己的身份，即导游人员必须明白自己是服务人员，是为宾客提供服务的，所以自己的服饰不应喧宾夺主。

（2）方便工作

导游人员的服饰应适合职业特点和工作环境。导游服务工作主要在户外和旅游车上进行，要注意选择适合这类活动的服饰。

（3）场合协调

导游人员的服饰要与场合相协调。例如，导游人员去机场、车站接站、送站时要着正装，以示对宾客的尊重，但带队游览时可穿休闲服，以方便工作。

（4）适合年龄

导游人员的服饰应与自己的年龄相协调，努力突出自己的风韵和气质。

（5）形体协调

导游人员的服饰要与自己的形体相协调，不要盲目模仿，即应根据自己的形体特点、容貌、肤色、气质等来选择适合自身的服饰，要以穿在身上满意、舒服为好。

（6）大方得体

导游人员为宾客服务时，着装要整洁大方。夏天，男性导游人员不宜穿背心、短裤；女性导游人员不能暴露过多，不穿吊带装、露脐装，不穿超短裙，不袒胸露背。不准穿拖鞋上岗，力戒露、透、短、紧、艳、异。

海南省的导游员统一着装上岗

深入思考

1983年6月，美国前总统里根出访欧洲回国时，由于他在庄严的正式外交场合没有着黑色礼服，而穿了一套花格西服，引起了西方舆论的一片哗然，产生了很多负面影响。你对此有何感想？

案例学习

1. 王先生是某旅行社的导游员，他在工作中一贯注意自己的着装。2007年7月，他带了一个马来西亚团。在去承德的路上，该团的领队陈小姐对他说："王先生，我的客人很欣赏你的外表，因为他们注意到你每天都换衬衫。上次那位导游先生，人很好，可是大家都对他敬而远之，因为他的T恤7天里只换过一次，味道很难闻"。

2. 2001年，台湾地区的某期"中国日报"上登有杨乃藩的一篇《案内小姐》的文章，描述日本导游员的风采。她们都穿着文雅的制服，和航空小姐的差不多。从车子开始发动起，她就拿着小小的麦克风，用温柔悦耳的语调不停地讲，连姿态和表情也有特定的模样：背微俯，手臂微弯，五指伸开，指向解释的景物或建筑，眼神也随着自然地跟过去。日本导游员的训练有素无疑是值得中国导游人员学习的，单是着装，寒冬盛夏清一色的衬衫、领带加西装，也可以说是导游人员着装的楷模。

三、饰品的佩戴

饰品又称首饰、饰物，指的是人们在穿着打扮时所使用的装饰物，它可在服装穿着中起到烘托和画龙点睛的作用。服装饰物包括两大类：一类是以实用性为主的附件，如帽子、眼镜、鞋子等；另一类是以装饰性为主的饰物，如项链、戒指、手镯、耳环、手链、脚链、胸针等。

旅游服务人员在自己的工作岗位上并非不能佩戴任何饰物，但佩戴饰物必须遵守企业的规定。一般情况下，旅游服务人员在工作中佩戴饰物的规范主要是：符合身份，以少为佳，区分品种，佩戴有方。所谓佩戴有方，是指饰品要符合旅游企业的要求，以不影响工作为前提，色彩不应太鲜艳，质地不能太豪华。

社会上流行的饰品有很多，其中某些种类不适合旅游服务人员在工作中佩戴，如胸针、鼻环、脐环、指甲环、脚戒指、宝石手表等。通常，旅游服务人员在工作中可以佩戴的饰品主要有戒指、耳钉和简洁深色的发饰等。

1．戒指

戒指为环状，有金、银、合金、宝石等种类，是男女皆可佩戴的首饰，一般佩戴在左手手指上。戒指也是一种无声的语言，是信号和标志。对男性服务人员来讲，戒指可以说是在其工作岗位上唯一被允许佩戴的饰品。但只能佩戴一枚，且式样要简约。已婚者戴在无名指上，未婚者戴在中指或不戴为宜。

旅游服务人员一般可佩戴婚戒

旅游服务人员所戴首饰应少而精，如佩戴多个金戒指、宝石手表等既不便于工作，又容易使客人感到不舒服。

知识链接

戒指佩戴所表示的婚姻和择偶状况

食指——求婚

中指——热恋

无名指——已订婚或结婚

小指——独身

2. 耳钉

耳钉多指戴在耳垂上的钉状饰物。与耳环相比，耳钉小巧而含蓄。所以一般情况下，旅游服务人员可以佩戴。男性服务人员不能佩戴耳钉。

3. 发饰

发饰多指女性在头发之上所采用的兼具束发、别发功能的各种饰物，常见的有头花、发带、发箍、发卡等。女性服务人员在工作时，选择发饰宜强调其实用性，而不宜偏重其装饰性。对于旅游服务人员来说，头花以及色彩鲜艳、图案花哨的发带、发箍、发卡，都不宜在上班时佩戴。

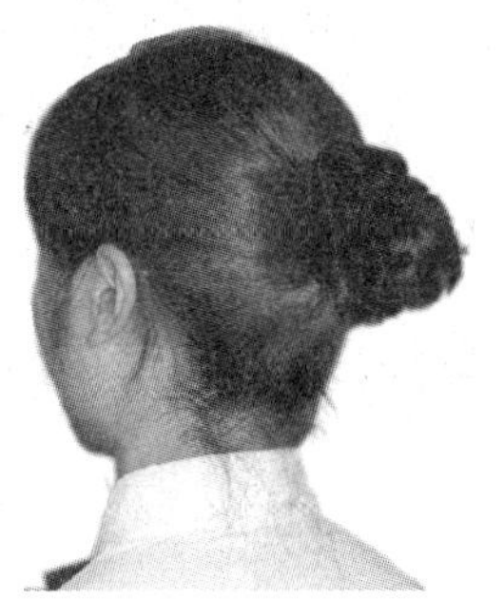
服务人员的发饰要简洁

活动平台

服务接待工作繁杂而艰巨，仅靠课堂上的学习是远远不够的。请同学们通过上网查询、翻阅书报、参加社会实践等方式继续学习接待礼仪，为将来的工作打下坚实的基础。请选择以下一种方式完成课后作业：

制作接待礼仪小报；

撰写接待礼仪演讲稿；

创作接待礼仪宣传标语；

创编接待礼仪故事。

两周后的实训课，将分享同学们的学习成果，并将学习成果对外推广。

思考与练习

1. 为什么旅游服务人员要讲究仪容仪态？
2. 旅游服务人员应怎样正确地修饰和装扮自己？
3. 站、走、坐、蹲等姿势有哪些要求？
4. 旅游服务人员在服务工作中，要克服哪些不良站姿？
5. 女性服务人员着装时应符合哪些规范？
6. 旅游服务人员佩戴饰品时，如何使之符合自己的身份？

第三章

chapter 3 旅游服务人员的语言礼仪

礼貌用语是旅游服务人员向客人表示意愿、交流思想情感和沟通信息的重要交际工具，是一种对宾客表示友好和尊敬的语言。在旅游服务过程中，它具有体现礼貌和提供服务的双重特性，是旅游服务人员完成服务工作的重要手段。

俗话说："一句话使人笑，一句话使人跳"。这句话形象地概括了使用礼貌用语的作用和要求。旅游服务人员要善于运用这一有用的交际工具，使之成为自己的职业习惯。

学习目标

- 了解礼貌用语的概念和作用。
- 掌握礼貌用语的基本内容。
- 了解培养礼貌用语的途径。
- 掌握旅游服务人员的语言规范。

第一节 礼貌用语的作用和特点

一、礼貌用语的作用

1．礼貌用语关系到祖国的声誉

我国素以语言文明、礼貌待客蜚声世界。如果旅游服务人员说话不讲文明礼貌，伤害了外国宾客的自尊心，他们就会对中国这个“礼仪之邦”产生看法，对社会主义精神文明产生怀疑，这必将对我国的声誉产生不良影响。

2．礼貌用语反映服务的质量和管理水平

作为旅游服务人员，使用语言是否文明，宾客是相当敏感的。如果旅游服务人员工作时稍不注意，语言粗鲁、态度生硬，那么再好的设施、设备也不能令宾客满意。

3．礼貌用语是旅游服务人员自身人格的体现

俗话说：“言为心声”。语言是人们心灵的体现。准确、亲切的语言反映了旅游服务人员的文化修养和精神面貌，同时在很大程度上决定着宾客对旅游服务人员的评价。

二、礼貌用语的基本特点

从事不同职业的人，都使用着具有职业特点的语言，旅游行业也有着符合行业特点的礼貌用语。礼貌用语主要有以下几个特点。

1．礼貌性

语言的礼貌性主要表现在旅游服务人员对宾客能正确使用表现自谦恭敬的礼貌语言，并在服务过程中始终贯穿着礼貌语言，使客人感觉受到充分的尊重。

旅游接待工作在语言上的一个最大特点就是广泛运用礼貌用语，主要表现在敬语、谦语、雅语的正确运用。

（1）敬语

敬语是表示尊敬、恭敬的习惯用语。敬语最大的特点是：彬彬有礼，热情庄重，使用时语调甜美柔和。旅游服务人员在与宾客交流时，一定要注意“请”字开头，“谢谢”收尾，“对不起”常挂在嘴边。

敬语在旅游接待服务的“五声”要求中，体现得最为明显。敬语常用的有“您”“您好”“请”“劳驾”“麻烦您”“能否代劳”“有劳”“效劳”“拜托”“谢谢”“请稍后”“对不起”“再见”等。

（2）谦语

谦语也称谦辞，它是自谦的一种习惯用语，通常在对客人使用敬语的同时一起使用。对人使用敬语，对己则使用谦语。敬语在常用语中多见，口语化的程度也较高，而谦语则较多地出现在书面语中。

谦语最常见的用法就是在别人面前谦称自己和自己的亲属。例如，称自己为“愚”“鄙人”；向别人谦称自己辈分高或年龄大的亲属时，在称谓前冠以“家”字，如“家祖父”“家母”“家兄”等；谦称自己辈分低和年龄小的家属时，则在称谓前冠一个“舍”字，如“舍妹”“舍弟”“舍侄”等。

在进行自我称呼、自我评价、自我要求时，适于用谦语表达，如在交谈时的自评，常常用“一点儿小事不足挂齿”“承蒙夸奖，不敢当”“招待不周，请多多包涵”等。自谦，体现着中华民族的一种自律精神，它以敬人为先导，以退让为前提。当然，伴随着东西方文化交流的日益加强，东西方语言在表达方式上相互交融，使得我国的一些谦语已经发生了改变，但其精神实质还依然包含着东方民族的传统文化色彩，依然值得我们继承和发扬。需要特别提醒的一点是，对待外国宾客，使用谦语应该适度。

（3）雅语

雅语是指一些比较文雅的词语和俗语，是一种比较含蓄、委婉的表达方式。在人际交往中多用雅语，能体现出个人文化素养以及对他人的尊重。

在旅游服务工作中，雅语往往用于那些在公共场合或社交活动中需要避讳的情况。例如，用“我去一下”或“我去一趟化妆间”代替“去上厕所”，用“需不需要加一些主食”来代替“要不要饭”，用“不新鲜”代替“臭了”，用“发福”代替“发胖”，用“这件衣服不太适合您”代替“您穿这件衣服很难看”。雅语的使用不是一成不变的，而应该根据场合、对象和时间的不同，进行有针对性的运用。

（4）征询语

征询语是指服务接待人员主动、适度使用征求客人意见的语言。征询语可以使客人感觉到受尊重，因而易于对服务人员产生较好的印象。常用的征询语有“我能为您服务吗？”“您有什么事？”“您需要什么？”“我可以进来吗？”“先生，需要我为您做些什么吗？”“小姐，需要请医生来看看吗？”“各位游客，我的声音听得到吗？”等。

2. 情感性

所谓情感性，就是要“情真意切”。人们的喜怒哀乐、七情六欲往往可以从神态、动作和语言中表露出来。所以，语言表达时说话者要饱含深情，也就是将自己乐意为客人服务的意愿化作满腔热情，渗透在每一句话中，让客人切实感觉到你的真情实意，而不是例行的工作语言和虚情假意的应付。除此之外，还要注意使用非语言交际手段，这同样可以获得事半功倍的效果。导游语言的情感性强弱与否，关键在于导游自身是否进入了角色，是否喜游乐导、动之以情，假如一位在风光胜景面前无动于衷的导游，像和尚诵经似的只会干巴巴地背诵程式化的“台词”，恐怕难以打动慕名而来的宾客。所以，礼貌服务只有把有声语言与无声语言巧妙地结合起来，使其具有情感性，才能真正成为协调旅游服务人员与宾客之间关系的润滑剂。

3. 婉转性

旅游服务中会经常使用婉转性语言来解决难以解决的问题。例如，在宾客提出不合理的要求或要求难以得到满足时，作为旅游服务人员，就不能轻易地说“不”，只能变换方式，用婉转的语言加以拒绝，这就是机敏的“无效回答”。

在工作当中，旅游服务人员要注意语言的婉转性，根据不同的地点、不同的场合和具体情况灵活使用语言。

案例学习

一个旅游团队在严冬时节抵达北京旅游，当时寒风透骨，大雪纷飞，许多客人心情焦虑，担心去不了长城，导游人员见此情景后，在致欢迎词时说：“中国有句吉祥成语，叫作‘双喜临门’，可是我们今天是‘三喜临门’。第一喜，我国人民一年一度的新春佳节就要到了；第二喜，瑞雪兆丰年；第三喜，我们在辞旧迎新的日子里迎来了远方的贵宾。因为正值隆冬，天气寒冷，所以希望大家在这个喜庆的日子里注意保暖，我们将风雨无阻，乘火车到长城，去亲身体验北国风光、千里冰封、万里雪飘的壮观景象，去当一次踏雪登长城的好汉吧！”客人听到此都热烈鼓掌。

思考：导游员短短几句话，为什么会赢得客人的掌声并激发起客人的热情？

4. 生动性

在接待客人时，语言不能呆板，不要机械地回答问题。旅游服务人员的语言应当生动，生动的语言才能使人感到亲切、热情，使气氛活跃，感情融洽。因此，旅游接待人员应当有口才，掌握说话的技巧，注意语言的生动性。例如，一位游客在登山时不小心被树枝刮破了心爱的裙子，非常难过，导游小姐走过来风趣地说：“人有情，山也有情，你看连树枝都挽留你”。一句话使游客心情变好了，生动的语言常常能够在轻松愉快的气氛中说出耐人寻味的话题。要做到语言生动，就要提高语言文字水平；要想得到生动的效果，就得勤学苦练，多听多练，而不是一知半解地运用，也不是牵强附会或任意发挥，否则会适得其反。

5. 灵活性

礼貌用语应当是生动的、丰富多彩的。如果在接待工作中只是简单、重复地使用一句问候语，就不可能取得好的效果。接待人员应当灵活地运用不同的敬语来招呼客人，使其产生亲切感和新鲜感。在使用礼貌用语时察言观色，随时注意客人的反应，针对不同的对象、不同的性格特点、不同的场合，灵活地说出不同的话语。一般来说，可以通过客人的服饰、语言、肤色、气质等辨别客人的身份，通过客人的面部表情、语气的轻重、走路的姿态、手势等行为举止来领悟客人的心境。遇到言语激动、动作急躁、举止不安的客人，要特别注意使用温柔的语调和委婉的措辞。接待客人投诉时，说话更要谦虚、谨慎、耐心、有礼，要设身处地为客人着想，投其所好，投其所爱。要学会善于揣摩游客的心理，以灵活的语言来应对各种客人。

使用生动幽默的语言，也能增强语言的应变能力，形成生动、灵活、随机的语言特色。幽默语言是通过意味深长的诙谐语言来传递信息，幽默具有神奇的功效，它能融洽气氛，可以解除困境。

例如，一辆旅行车在坑坑洼洼的道路上行驶，游客中有人抱怨。这时，导游说："请大家稍微放松一下，我们的汽车已在给大家做身体按摩运动，按摩时间大约10分钟，不另收费"。引起游客哄然大笑。这位导游以苦中求乐的口吻，把一件本来不愉快的事说得轻松怡然，化解了抱怨情绪，这正是幽默语言的力量。

语言的礼貌性、情感性和婉转性是礼貌用语的基本特点，而运用灵活、生动、幽默的语言则是旅游行业的特点。

案例学习

索赔的语言艺术

在某高级饭店，一位客人在离店时把一条浴巾放在行李箱内欲带走，服务员发现后报告了大堂副理。根据酒店规定，一条浴巾须向客人索赔50元。如何不得罪客人，又维护酒店利益？大堂副理自有办法。

大堂副理在总收银台处找到刚结完账的客人，礼貌地请他到一处不引人注意的地方说："先生，服务员在查房时发现您的房间里少了一条浴巾"。客人面色有些紧张，但拒不承认带走了浴巾。大堂副理说："请您回忆一下，是否有您的亲朋好友来过，顺便带走了？"客人还未明白，嘴硬地说："我住店期间根本没有亲朋好友来拜访"。大堂副理又进一步引导他："从前我们也有过客人说是浴巾不见了，但他们后来回忆起来是放在床上，被毯子遮住了。您是否能上楼看看，浴巾可能压在毯子下被忽略了"。客人总算醒悟了，拎着行李了箱上了楼。大堂副理请服务员帮助开门，并指示她不要跟进房。

一会儿客人从楼上下来，见了大堂副理，不高兴地说："你们的服务员检查太不仔细了，浴巾明明在沙发后面嘛！"大堂副理放心了，不露声色并有礼貌地说："对不起，先生，打扰您了，谢谢您的合作”。并真诚地补了一句：“您下次来北京，欢迎再度光临我们酒店”。整个索赔结束了，双方皆大欢喜，客人保住了面子，酒店挽回了损失。

思考：大堂副理深谙索赔的语言艺术，自始至终未提过客人“带走”“拿走”浴巾的字眼，只是巧妙暗示、步步引导，使客人终于“体面”地交出了浴巾。若直截了当指出客人的错误，客人会跳起来，为维护自己的面子死不认账，问题就难以解决了，因为双方都明白酒店无权检查客人的箱子。

第二节　礼貌用语的基本内容及分类

旅游服务人员在旅游接待工作中，不仅要处处注意使用礼貌用语，而且还要特别注意正确、规范地使用礼貌用语。

一、礼貌用语的基本内容

礼貌服务用语作为旅游行业的职业语言，有以下几种类型，见表 3—1。

表 3—1　　礼貌用语的基本类型

类型	表达举例	适用场合	注意事项
问候用语	“您好！”“各位来宾，早上好！”“大家好！”“晚安！”等	适用于接待人员在遇到宾客时，彼此向对方询问安好，致以敬意，或者表达关切之意	1. 接待人员应主动向宾客问候；2. 如果宾客不只一人时，则服务人员可根据“统一问候”“由尊而卑”和“由近而远”的原则进行问候；3. 不宜使用非正式的问候用语
迎送用语	“欢迎光临！”“欢迎您的到来！”“再见！”“慢走！”“走好！”“欢迎再来！”“一路平安！”等	适用于接待人员在自己的工作岗位上欢迎或送别宾客	1. 欢迎用语往往离不开“欢迎”一词的使用；2. 在宾客再次到来时，应记得对方，以使对方产生被重视之感；3. 在使用欢迎用语时，还须同时向宾客主动施以点头、微笑、鞠躬等见面礼；4. 使用送别用语时，要避免使用不当或忘记使用

续表

类型	表达举例	适用场合	注意事项
请托用语	“请稍候！”“拜托！”“劳驾！”“请您帮我一个忙！”等	请求宾客帮忙或是协助工作时使用的专项用语	在服务工作中，接待人员不管是需要理解，还是寻求帮助，都要诚恳地使用请托用语
致谢用语	“谢谢！”“谢谢大家！”“非常感谢！”等	在对客服务中，使用致谢用语，意在表达自己的感激之意	在下列情况时，服务人员应及时使用致谢用语：1. 获得宾客帮助时；2. 得到宾客支持时；3. 赢得宾客理解时；4. 感到宾客善意时；5. 婉言谢绝宾客时；6. 受到宾客赞美时
征询用语	“需要帮助吗？”“您有什么事吗？”“您在这儿休息一会儿好吗？”	适用于服务过程中，服务人员以礼貌的语言主动向宾客进行征询	以下几种情况，服务人员应当使用征询用语：1. 主动提供服务时；2. 了解对方需求时；3. 给予对方选择时；4. 启发对方思路时；5. 征求对方意见时
应答用语	“好，明白了！”“随时为您效劳！”“这是我的荣幸！”“没有关系！”等	适用于服务过程中，服务人员回应宾客的召唤，或是答复其询问	基本的要求是：随听随答，有问必答，灵活应变，热情周到，尽力相助，不失恭敬
赞赏用语	“太好了！”“十分漂亮！”“您的观点非常正确！”等	适用于和客人交往时，称赞或肯定宾客	使用赞赏用语时应少而精，恰到好处
祝贺用语	“祝您一路平安！”“身体健康！”“新年好！”“节日愉快！”“生日快乐！”等	在服务过程中，服务人员有必要向宾客适时地使用一些祝贺用语	祝贺用语应因人而异，同时要注重其时效性
推托用语	“很抱歉，我无权这么做！”“我们这里规定，不能乱开发票！”等	适用于难以满足宾客某些要求的情况	在解释原因或是回绝对方时，一定要讲究方式方法，要做到语言得体，态度友好，理由充分，以淡化宾客的失望情绪
道歉用语	“抱歉！”“对不起！”“请原谅！”“不好意思！”“请多多包涵！”等	适用于服务过程中，因种种原因而带给宾客不便，或妨碍、打扰对方时	表示歉意要及时，使用道歉用语要规范，切忌做得过分

案例学习

一场误会

有一次，一个日本客人和他的朋友来一家饭店就餐，服务员主动向客人问道：“您几位用餐？”当时客人用手势告诉服务员是八位，服务员为了确认，随口说了一句：“是八个吗？”这一问引起了日本客人的极大反感，当时就狠狠地打了服务员一下，并转身离开。这时服务员才意识到自己出了错。因为日语中有个单词的发音类似中文的“八个”，是“愚蠢”的意思，是很粗野的说法。

思考：服务员在工作中，要使用礼貌用语和进行规范服务，但也必须考虑各个国家和地区的生活及风俗差异，否则就会引起一些不必要的误会。如果你是服务员，你会如何接待这批客人呢？

二、旅游服务忌语

旅游服务人员禁止使用服务忌语。服务忌语，通常是指服务中的忌讳之语，也即服务人员在服务宾客时不宜使用，并应当努力避免使用的某些词语。

使用服务忌语往往出口伤人，这种伤害是相互的，在伤害了宾客的同时，也对自身形象和企业形象造成了伤害。表3—2总结了旅游服务忌语的主要类别。

表3—2　旅游服务忌语的主要类别

类型	举　例	服务要求
不尊重之语	“老家伙”“当兵的”“傻子”“呆子”“侏儒”“瞎子”“聋子”“麻子”“瘸子”“肥”“矮”等	在服务过程中，任何对宾客缺乏尊重的语言，尤其是与其身体、健康方面相关的某些忌讳，均不得使用
不友好之语	“你消费得起吗？”“没钱还来干什么？”“装什么大款！”“一看就是穷光蛋！”“你算什么东西！”“瞧你那副德行！”“我就是这个态度！”等	在任何情况下，都绝对不允许服务人员对宾客使用不友善，甚至满怀敌意的语言
不耐烦之语	“我也不知道。”“那上面不是写着了吗？”“着什么急！”“找别人去！”“你能不能快点？”“烦死人了！”等	要提高服务质量，就要在接待宾客时表现出应有的热情与足够的耐心。要努力做到：有问必答，答必尽心，百问不烦，百答不厌；不分对象，始终如一
不客气之语	“瞎乱动什么？”“弄坏了你管赔不管赔？”“拿零钱来！”“你问我，我问谁？”等	服务人员在工作中，有不少客气话是一定要说的，而不客气的话则坚决不能说一句

第三节　培养礼貌用语的途径

旅游服务工作的内容就是要以各种不同的方法与宾客打交道。如何让宾客吃得满意、住得舒适、行得轻松、游得开心、购得实惠、娱得尽兴，这是每一位旅游服务人员所追求的目标。要实现这些目标，除了具备较高的专业知识素养外，最重要的就是旅游服务人员与客人沟通时使用得体的礼貌用语，它是开启人们心灵的“金钥匙”，是融洽人际关系的黏合剂，是旅游企业吸引客人的重要因素。那么，怎样培养自己时时处处讲究礼貌，言必用礼貌用语呢?

一、树立良好的礼貌用语意识

良好的礼貌用语意识是需要经过长期有意识地学习、实践、积累而逐渐形成的。通过学习，全面掌握礼仪方面的理论知识；通过实践，不仅可以加深对礼仪的了解，强化对它的印象，而且还可以检验其作用，增强文明礼貌意识，提高自己的素质；通过积累，不断升华，并抑制和纠正某些不良习惯，约束自己的行为，时刻保持清醒的头脑，谦虚谨慎，以礼待人，养成良好的文明习惯，并成为自觉的行动。

二、培养丰富的个人情感

一个人的个人情感决定了他是否具有积极健康的生活态度。富有生活朝气、对生活充满热情和进取精神的人，始终积极地将自己融入社会、融入生活，生活的热情使他充满灵感，同时也赋予其强烈的人际沟通意识。一个具有良好口才和礼貌意识的人，在人际交往中始终占有积极主动的地位，正是由于积极的人际交往，才使得语言交流与表达能力在礼貌用语中不断地得以完善。反之，情感冷漠的人，往往将自己封闭起来，拒绝接触社会，逃避人际间的沟通与交流，更谈不上良好的礼貌用语意识，无法将自己融于社会生活中，往往导致其在人际交往中语言表达呆板、木讷、沉默寡言、缺乏相融性。所以，要使自己具有良好的礼貌用语意识和良好的口才，应先从培养个人丰富的情感入手，从内心深处激发个人强烈的自我表达欲望和人际沟通与交往的热情。

三、养成良好的心理素质

旅游服务人员不仅要培养丰富的个人情感，还要养成良好的心理素质。

1．思维方面

注意培养自己的思维质量，使自己的思维尽可能敏捷、灵活、清晰，避免思维肤浅、呆板和紊乱。

2．意志方面

使自己尽可能具有自觉性、果断性、坚韧性等积极品质，克服盲目性、冲动性、顽固性等消极品质。

3．情绪方面

旅游服务人员一定要善于自我控制情绪，善于冷静地思考，保持自信、沉着以及心态持久的平衡，目的是为了在各种情况下都能做出积极、恰当的情绪反应，避免消极、不恰当的反应，更要避免在服务过程中有烦躁、不耐烦、敷衍了事等消极表现。

案例学习

一个旅游团在哈尔滨结束了冰雪之行，抵达机场准备返回北京时，被告知飞机因天气原因要延误，过了三个小时，又被告知航班取消。这时游客十分气愤，有人发牢骚，有人骂街，有人冲着导游员大喊大叫，有人与民航工作人员争闹起来，现场一片混乱。这时候，导游员尽量克制自己的情绪，什么也不说，先是热情地给大家要来热茶水，然后才耐心地劝解游客：大家的心情我完全理解，我也与你们一样着急。但今天是因为下雪飞机才停飞的，我想大家谁也不愿意拿自己的生命开玩笑吧。今天晚上，我们先回市区品尝我们本来没有时间品尝的飞龙宴，然后可以去夜游索菲亚大教堂，并且松花江边的五彩冰灯夜景会再次给我们带来惊喜。最后导游员达到了劝解的目的。

思考：在导游过程中经常会出现一些不顺畅的事情。这时候，导游员特别要注意控制自己的情绪，这一点十分关键，否则，自己出现不良情绪反应是小事，控制不住客人的情绪，使事态扩大，给导游工作造成不良影响才是大事。本案例中的这位导游员为什么能够巧妙地控制并有效地左右了游客的情绪呢？

4．兴趣方面

一方面要培养对自己服务职业以及本职工作的兴趣，热爱本职工作，这样才能在一定程度上克服繁杂琐碎的服务工作带来的枯燥和厌倦心理；另一方面，还要培养和发展职业外的兴趣、爱好，使自己兴趣广泛，这样才能有效地丰富知识，陶冶情操，提高个人素养。

5．个性品质方面

要培养开朗活泼、勇于克服困难、坚毅果敢、任劳任怨、不卑不亢、善解人意、善于调节气氛、机智幽默等积极品质。

四、博览群书，丰富知识

良好的礼貌用语习惯和良好的口才还依赖于丰富的谈资。很难想象一个知识贫乏、无话可谈、以沉默应对客人的人是一个有礼貌的人。旅游服务人员要做到面对客人侃侃而谈、语言生动、妙语连珠，必须要有丰富而广博的知识积累。

五、积极进行语言实践锻炼

强烈的礼貌用语意识只是一种潜能，要想使自己成为一个真正有礼貌的人，还必须借助语言这一外在形式表达出来。而语言表达是一种能力，能力的获得离不开实践的锻炼。语言的实践，很重要的一点就是要勤讲多练。一个人从笨嘴拙舌到滔滔不绝的过程，实际上就是一个永不疲倦的锻炼与实践的过程。

语言实践锻炼还应做到持之以恒。良好的语言表达能力不可能在短时间内一蹴而就，要想成功，就要有毅力，要持之以恒。此外，它还要求练习者严肃认真地对待每一次待人接物、登台发言的机会，充分利用这些机会来提高自己的语言表达能力。

第四节 旅游服务人员的语言规范

一、宾客至上

旅游接待工作本身就是以满足宾客的需要为前提的，而在宾客的各种需要中，求尊重的需要往往是第一位的。所以，旅游服务人员在语言表达上要力求体现“宾客至上”，一切为了宾客着想这一目的。这一目的大致体现在以下五个方面：一是传递信息，表达感情；二是引起注意，唤起兴趣；三是取得信任，加深了解；四是进行鼓励，增进沟通；五是予以说明，加以劝告。

在旅游服务工作中使用服务用语时，要有明确的目标意识，做到有的放矢，切忌胡言乱语、信口开河，要讲求言辞的礼貌性。

旅游服务人员在工作中要用好“五声”，避免“四语”，以体现对宾客的礼貌和尊重。“五声”是指宾客来时有迎客声；遇到宾客有称呼声；受人帮助有致谢声；麻烦宾客有道歉声；宾客离去有送客声。“四语”是指旅游接待服务工作中，禁止使用“蔑视语”“烦躁语”“否定语”和“斗气语”。

这里需要说明的是，旅游行业用语中的敬语只是一种语言形式，不一定都表示敬意。即使在宾客的行为不符合礼节规范要求，或宾客无理取闹、故意挑剔时，旅游服务人员选择提醒、规劝、暗示等语言，也一定要注意正确使用敬语，以反映出职业素养。

案例学习

称呼不当惹麻烦

一日，一位外宾在一位中国女士的陪同下到北京某饭店下榻，前台服务员为其办理入住手续。由于当时客人较多，而确认宾客的身份及核对证件又耽误了一些时间，因此外宾表现出了不耐烦的神情。于是服务员使用中文向客人的陪同进行解释，言语中随口以“老外”二字称呼外宾。没想到这位陪同正是外宾的妻子，而外宾也听懂了服务员的称呼，结果二人都很不满。尽管后来服务员向客人道歉，但客人仍不予理解，结果给饭店造成了不好的影响。

思考：为什么客人对前台服务员不满？这个案例说明了什么问题？在旅游服务过程中，我们应注意使用哪些礼貌用语？

二、巧妙赞誉

美国心理学家威廉·詹姆士说过：“人在本性上最深的企图之一，是期望被钦佩、赞美、尊重”。有人说得更直率：“无论是元首统帅、学者名流，还是深山居士、村妇顽童，都喜欢得到别人的称赞”。可见，被赞美是人们满足尊重需求的一个十分重要的方面。但是，怎样赞美别人，怎样的赞美才能真正打动对方，从而起到缩短彼此之间心理距离、沟通双方内心情感的作用，还是需要一定技巧的。

1. 出于真诚，发自内心

赞美不能简单地等同于取悦他人的方式，而应当作为一种语言交流的调味剂，在与客人沟通时适时采用。毫无根据地盲目赞美，不仅达不到预期的效果，还会使对方产生“待人虚伪，没有诚意”的印象。特别是服务语言，在运用时要以诚为本，以实为要，以真为先。

2. 明确具体，针对性强

空乏、含蓄的赞美，因为缺少明确的评价原因，常使人无法接受，有时甚至会让对方怀疑赞美者的动机与意图，并由此怀疑赞美者的鉴赏力与判断力，所以赞美对方一定要明确具体。例如，“真想不到你的工作效率这么高”“这套衣服很适合你，让你看上去年轻了许多”“这个创意非常好，市场前景分析很透彻”等，这种赞美要比“你工作很不错”“你今天很漂亮”“你的创意很好”等这种没有具体内容的赞美更易被人接受。

3. 选准时机，兼顾公平

要取得赞美的效果还必须相机行事、适时而为。例如，当服务人员得知客人准备做一件有意义的事，服务人员事前赞扬，能够促使和鼓励他下决心做出成果；事后赞扬，可使他肯定成绩，明确下一步努力的方向。

在众多客人在场的情况下，服务人员如果只是赞扬其中一人，会引起在场其他人心理上的不快。这时，服务人员可以寻找别的理由或别的方面提及其他人，来消除他们的不快情绪。

4. 因人而异，突出个性

为了获得宾客满意的效果，在使用礼貌语言时，服务人员必须学会察言观色，也就是根据实际情况灵活地运用礼貌语言。针对服务中遇到的特定对象，根据他们不同的性别、年龄、职业、身份、爱好，在不同的场合，灵活地运用不同的礼貌用语，有利于加强了解和沟通。语言的实际效果不仅取决于如何运用，更主要的还取决于语言能否打动对方，被对方理解和接受。因此，要因人而异，切忌呆板不变、千篇一律。有特点的赞美比一般化的赞美更可贵、可信，更能收到赞美的效果。例如，对老年客人可以将他引以为豪的过去作为称赞的重点，以迎合老年人喜欢怀旧的特点并引发他老当益壮的豪气；对年轻客人则可赞扬他的创造才能和开拓精神，以激发他不断进取、继续努力的士气；知识分子最希望自身价值得到别人的承认，所以可赞扬他知识渊博，学术上硕果累累；商人最需要别人与他分享事业上的成就感，可以从头脑灵活、生财有道的角度来赞扬他。

5. 雪中送炭

最有效的赞美不是“锦上添花”，而是“雪中送炭”。最需要赞美的不是那些早已声名显赫的人，而是那些被埋没，内心有自卑感的人。他们一旦被当众真诚地赞美，就好比干渴的心灵得到了甘露的滋润，会使他们精神振作，重新找回自信心。对一个人来说，最值得赞美的，并不是他身上早已众所周知的长处，如能发掘出蕴藏在他身上鲜为人知的优点，并及时给予肯定和赞扬，他一定会加倍珍惜赞美者的真诚，并对赞美者的洞察力产生难忘的印象。

三、得体谦虚

旅游服务用语的得体原则，是指旅游服务人员的服务语言应符合各种礼貌规范的要求，消除一切违反礼貌规范要求的语言表达，做到有声语言与肢体语言贴切、得当。

得体和谦虚是礼貌规范要求的重要内容，对旅游服务人员而言，又是因职业特点而需要特别强调和必备的个人素质要求。因此，旅游服务人员在与客人交流、沟通和处理与客人的关系时，应当引起高度的重视。

1. 得体的语言

（1）语言表达准确、规范，将“您”“请”“对不起”“谢谢”等常规礼貌习语运用于语言表达中，使语言表达符合礼貌待客的规范要求。

（2）要将称呼语、应答语、欢迎语、欢送语，因时、因地、因人、因事灵活运用到日常生活表达中，使服务用语充分体现出文明、亲切、细致、周到的职业特点。

（3）与客人交流时要充分运用语言、语气、语调、语感的变化，使旅游职业规范用语符合声调高低适中、自然柔和，语气热情亲切、充满诚意，语速不急不缓、生动清晰的得体准则。

（4）得体准则还要求服务人员的肢体语言表达运用得体；着装要整洁、规范；发式搭配符合职业要求；服务姿态（站、坐、走）标准到位，符合职业规范要求。只有符合得体准则的礼貌服务——有声和无声语言，才能真正成为协调宾客与旅游服务人员之间关系的润滑剂。

2. 谦虚的语言

（1）同客人交流时应尽量以听为主，辅之以点头、微笑、眼神示意，而不应自以为是地在客人面前夸夸其谈。

（2）面对客人的夸奖，不沾沾自喜。例如，当受到客人夸奖时，应当说：“谢谢您的鼓励，这是我应该做的”。或者说：“您过奖了，这是我的职责”等。

（3）与客人交流时，语言表达应尽量显得宽容而有耐心。例如，当客人情绪激动时，要尽量宽慰和安抚客人，不得顶撞，更不应该与客人争执。例如，客人说话声音较大时，可说：“您别激动，有话好好说”。或者说：“您的心情我可以理解，有什么事情慢慢对我说”等。

（4）谦逊并不意味着低声下气，或者放弃原则，一味迁就客人。而应做到不卑不亢，既尊重客人，又不贬损自己，要显示出较高的人格修养。

四、征询委婉

旅游服务用语要注意采用征询与委婉的方式。与客人交流时语气要温和，多采取商量式、询问式、建议式、选择式的表达方式，避免转达式、通知式、命令式、指责式的表达方式。让客人始终拥有主角意识，得到被尊重、被重视的精神享受和满足。

委婉语也叫“婉言”，是指讲话时出于对客人尊重的考虑，不直接说明本意，而是用委婉的词语加以暗示，既能达到使对方意会的语言效果，又不致让客人尴尬，甚至伤害客人的情感。委婉语通常在客人提出不合理要求时使用。

在旅游服务工作中，委婉语的作用不可低估。它可以减少刺激性，帮助消除矛盾，使双方免于难堪，或者给说话者留有余地，免于被动。

得体的委婉语能传达善意和尊重，体现说话者良好的语言素质，进而显示出其文明和高雅的风度。

活动平台

1. 用一句话赞美自己的同学。要求是能让对方欣然接受，而且师生认可。

2. 委婉拒绝同学的“不合理”要求。要求是能让对方欣然接受，不伤自尊，师生认可。

思考与练习

1. 如何正确使用礼貌服务用语？
2. 旅游服务用语有哪些基本特点？请举例说明。
3. 培养良好礼貌用语习惯的途径有哪些？
4. 旅游服务人员语言规范的原则有哪些？
5. 巧妙赞誉宾客有哪些规范要求？

第四章

chapter 4

旅游服务人员的社交礼仪

旅游服务人员每天都会与宾客进行广泛的接触，并且会基于服务而与宾客产生多样的互动关系。妥善地处理好这些关系，将会使客人感到被尊重、被看重、被优待。客人这一感受的获得将会对保证旅游经营的持续兴旺和旅行社品牌的宣传起到不可估量的作用。掌握常见的社交礼仪有助于旅游服务工作的顺利开展和为宾客提供优质的服务，也有助于服务人员在人际交往中显示自己的风度，增添个人的魅力。

学习目标

- 掌握旅游服务工作中的见面礼仪规范。
- 掌握旅游服务工作中的通信礼仪规范。
- 掌握旅游服务工作中的沟通礼仪规范。

第一节 见面礼仪

一、称呼礼仪

称呼即称谓，指的是人们在交往应酬时，用以表示彼此关系的名称用语。在交际场合，称呼很重要。通过它可以反映人与人之间的相互关系，显示出一个人的修养，在某种程度上也反映了社会风尚。

称呼的运用与对待客人的态度直接相关，是给对方的第一印象。因此，如何称呼客人至关重要。尊重客人，首先要从尊重客人的姓名开始，从有礼貌的、友好的称呼开始。在与客人交往中，旅游服务人员既要学习掌握称呼的基本规律和通行的做法，又要特别注意各国之间的差别，认真区别对待。

中国民间传统见面礼仪

1．姓名区别

不同国家人的姓名区别见表 4—1。

2．称呼方式区别

几种不同的称呼方式见表 4—2。

表 4—1　不同国家人的姓名区别

前姓后名	有中国、日本、朝鲜、越南、柬埔寨、匈牙利等国，如李玉芬、桥本龙太郎等
前名后姓	常出现在英语国家。如比尔·克林顿，女子婚后随夫姓
有名无姓	缅甸、印尼等国居多。缅甸人名字前常冠以表示性别、长幼、地位的字眼，如“杜”意味女士，“玛”意为姐妹，“郭”意为平辈，“哥”意为兄弟，“波”意为军官，“塞耶”意为老师。如一缅甸男子名“刚”，同辈称他为“哥刚”，如果有一定社会地位，被称为“吴刚”，如果是军官，则被称为“波刚”

表 4—2　几种不同的称呼方式

性别称呼	在不知对方姓氏、职务、职业等情况下，可使用泛指称呼，如称男士为“先生”，称女士为“小姐”“夫人”等。我国也有称“同志”的习惯。对身份高的女性也可称之为“先生”
姓氏称呼	如已经知道对方姓氏或姓名，尽可能用姓氏称呼客人，如“张先生”“丁小姐”等，以显示对客人的尊重，并使客人有一种亲切感
职务称呼	如已经知道对方姓氏或姓名，又知道客人的职务，最好使用职务称呼，如“张总经理”“王处长”等。这样可以使客人产生一种地位感、成就感和自身价值得到认可的感觉
职业称呼	如已经知道对方姓氏或姓名，又了解客人的职业，最好使用职业称呼，如“林医生”“孙老师”“陈律师”等
头衔称呼	对地位高的人士，如部长以上的高级官员可称其为“总理阁下”“部长阁下”“大使先生”；如是博士，可称其为“博士先生”；如是教授可称其为“张教授”。这样可以使客人尊贵的身份得以体现
亲昵称呼	对关系密切的宾主之间，可使用亲昵称呼，如“大伯”“叔叔”“阿姨”等
代词称呼	在对客服务中，有时可以直接称呼宾客“您”“你们”等，以示尊重

案例学习

记住客人的姓名

一位常住的外国客人从饭店外面回来，当他走到服务台时，还没有等他开口，服务员就微笑着主动把钥匙递上，并轻声称呼他的名字，这位客人大为吃惊，由于饭店对他留有印象，使他产生了一种强烈的亲切感，旧地重游如回家一样。

还有一位客人在服务台高峰时进店，服务员突然准确地叫出：“×× 先生，服务台有您一个电话”。这位客人又惊又喜，感到自己受到了重视，得到了特殊的待遇，平添了一份自豪感。

目前国内著名的饭店规定：在为客人办理入住登记时至少要称呼客人名字三次，以记住客人的名字。前台员工要熟记 VIP 的名字，尽可能多地了解他们的资料，争取在他们来店报家门之前就称呼他们的名字，当再次见到他们时能直呼其名。

3．错误禁忌

在交往中，称呼不当就会失敬于人，失礼于人，后果不堪设想。主要包括以下几个方面：

（1）错误的称呼，如姓氏搞错。

（2）带有歧视、侮辱性的称呼。在正式场合，不要使用低级、庸俗的称呼或用绰号称呼，如“哥们儿”“姐儿们”等。在任何情况下，绝不能使用歧视性、侮辱性的称呼，如“老毛子”“乡巴佬”“黑鬼”等。

（3）过时的称呼，如称上司为“大人”。

（4）不通行的称呼，如称呼男性服务员为“伙计”。

（5）误读，如“查”在姓氏里应读 zhā 声，不要读成 chá 声。

二、握手礼仪

握手源于原始社会，现已成为全世界人际交往中最常见、最普遍的见面礼。握手是人们见面和离别时的礼节。此外，它还可以成为感谢、慰问、祝贺或相互鼓励的表示。握手的力量、姿势和时间的长短往往能够表达出对握手对象的不同礼遇和态度，显露自己的个性，给人留下不同印象。人们也可以通过握手了解对方的个性，从而赢得交往的主动。

1．握手的礼仪通则

握手的礼仪通则见表 4—3。

表 4—3　握手的礼仪通则

场合	一般在见面和离别时使用。冬季握手应摘下手套，以示尊重对方。一般应站着握手，除非生病或特殊场合，但也要欠身握手，以示敬意
握手方式	和新朋友握手时，应伸出右手，掌心向左虎口向上，以轻触对方为准（如果男士和女士握手，则男士应轻轻握住女士的手指部分）。时间约 1 ~ 3 秒钟，轻轻摇动 1 ~ 3 下
握手力度	握手力度根据双方交往程度确定。和新朋友握手应轻握，但不可绵软无力；和老朋友握手应握重些，表明礼貌、热情
表情	握手时表情应自然，面带微笑，眼睛注视对方

2．握手顺序

在服务工作中，一般情况下，服务人员不要主动与客人握手。握手礼仪中，长辈伸手后，晚辈才能伸手相握；上级伸手后，下级才能接握；女方伸手后，男方才能伸手相握；当然，如果男方为长者，遵照前面说的方法。如果需要和多人握手，握手时要讲究先后次序，即先年长者后年幼者，先长辈再晚辈，先老师后学生，先女士后男士，先已婚者后未婚者，先上级后下级。

握手姿势

3．握手禁忌

（1）不要用左手相握，尤其是和阿拉伯人、印度人打交道时要牢记，因为在他们看来左手是不干净的。

（2）在和基督教信徒交往时，要避免两人握手时与另外两人相握的手形成交叉状，这种形状类似十字架，在他们眼里这是很不吉利的。

（3）不要在握手时戴着手套或墨镜，只有女士才被允许在社交场合戴薄纱手套握手。男士握手时应脱帽。

（4）不要在握手时另外一只手插在衣袋里或拿着东西。

（5）不要在握手时面无表情、不置一词，或长篇大论、点头哈腰、过分客套。

（6）不要在握手时仅仅握住对方的手指尖，好像有意与对方保持距离。正确的做法是握住整个手掌，即使对异性也应这样。

（7）不要在握手时把对方的手拉过来、推过去，或者上下左右抖个没完。

（8）不要拒绝握手。如果有手疾或手湿、手脏，也要向对方道歉并适当解释，以免造成不必要的误会。

模拟演练

“学礼仪要以实用为目的”。请同学们结合本节所学的理论知识，在教师的指导下，进行规范的握手练习，并进行评比。

活动平台

请同学们分组讨论，“当你遇到下列情形时你会怎么做”？

1. 当你去求职应聘时，你会主动与招聘者握手吗?
2. 当对方和你握手时间很长还不放开时，你怎样做更合适?
3. 当你伸手对方却没有反应时，你会怎样?
4. 当有陌生人伸手和你握手时，你会怎样?
5. 在见面场合中你还遇到过其他难处理的场面吗?

三、介绍礼仪

介绍是一切社交活动的开始，是人际交往中与他人沟通、建立联系、增进了解的一种最基本、最常见的形式。在旅游接待活动中，介绍可缩短服务人员与宾客之间的距离，广交朋友，增进彼此的了解，消除不必要的误会和麻烦。

1. 介绍类型

（1）按照社交场合来分，有正式介绍和非正式介绍。正式介绍是指在较为正规的场合进行的介绍，而非正式介绍是指在一般非正规场合中进行的介绍。非正式介绍可不必过于拘泥礼节。

（2）按照介绍者在介绍中所处的位置不同来分，有自我介绍、他人介绍和为他人介绍。

（3）按照被介绍者的人数来分，有集体介绍和个别介绍。

（4）按照被介绍者的身份、地位来分，有重点介绍和一般介绍。如对于要人和贵宾，可作重点介绍。

2. 介绍方法

（1）自我介绍

1）应用场景。本人希望结识他人；他人希望结识本人；需要让其他人了解、认识本人。

2）礼仪要求。自我介绍的礼仪要求见表4—4。

表4—4　自我介绍的礼仪要求

内容要有针对性	自我介绍要根据不同场合、对象和实际需要有目的、有选择地进行，不能千人一面。一般性的应酬，介绍要简单明了，通常介绍姓名就可以了。工作性的自我介绍，还要介绍工作单位和具体从事的工作。社交性的自我介绍，则还需进一步介绍兴趣、爱好、专长、籍贯、母校、经历，及与交往对象的某些熟人的关系等，以便进一步交流和沟通
内容要实事求是	自我介绍应当实事求是、态度真诚，既不要自吹自擂、夸夸其谈，谎报自己的职务，吹嘘自己的才能，胡诌认识许多社会名流等，也不要自我贬低，过分谦虚。恰如其分地介绍自己，才会给人诚恳、可以信任的印象
把握介绍时机	自我介绍要寻找适当的机会，如当对方正与人亲切交谈时，不宜走上前去进行自我介绍，以免打断别人的谈话，而应在对方有兴趣、有需要时再适时介绍。当对方一个人独处或者与人闲谈时，不妨见缝插针，抓住时机进行自我介绍
讲究介绍艺术	自我介绍可以先声夺人，一下子使对方认识你、记住你，并产生好感。如一位导游这样介绍自己："各位游客，你们好！欢迎各位来九寨沟观光游览。大家看我的个子虽然不高，可是我有世界第一高峰的名字，我叫李拉萨……"游客一下子记住了她，并被她的开朗、幽默所打动
表情要友善	自我介绍要面带微笑，充满信心和勇气，敢于正视对方的双眼，显得胸有成竹；同时，语气要自然，语速要正常，语音要清晰。这对自我介绍获得成功十分有好处

3）自我介绍禁忌。忌急于表现自己，打断别人的谈话，把自己硬插进去；忌夸大表现自己，信口开河，离题万里；忌不敢表现自己，躲躲闪闪，唯唯诺诺；忌不能表现自己，没有给别人留下清晰的概念和印象，别人连名字都没听清楚。

（2）他人介绍

1）应用场景。为他人介绍，通常是介绍不相识的人相互认识，或者把一个人引见给其他人。

2）顺序。把职位低者、晚辈、男士、未婚者、客人、晚到者分别介绍给职位高者、长辈、女士、已婚者、主人和早到者。

3）介绍时不可单指指人，而应掌心朝上，拇指微微张开，指尖向上。

4）避免对某个人特别是女性过分赞扬。

5）被介绍者应面向对方，介绍完毕后与对方握手问候，如“您好！很高兴认识您！”

6）坐着时，除职位高者、长辈和女士外，应起立，但在会议、宴会进行中不必起立，被介绍人只要微笑点头示意即可。

案例学习

两对夫妇傍晚在大街上相逢。两位男士是大学同班同学，毕业后就再未相见，意外的邂逅使他们激动万分，只顾着聊天叙旧，把两个妻子晾在一边，置于极为尴尬的境地。

思考：他们犯了一个交际中的礼仪性大忌，没有先介绍一下自己的妻子，这是对对方的不礼貌，也是对自己妻子的不礼貌。你在这样的情况下应该如何做呢？

（3）集体介绍

集体介绍是他人介绍的一种特殊形式，是指介绍者在为他人介绍时，被介绍者其中一方或者双方不止一个人，甚至是许多人。集体介绍时，双方人数都较多时，先主后客、先卑后尊；具体介绍到个人时，先尊后卑；人数较多的多方介绍，由尊而卑。

模拟演练

同学们根据介绍要求，分别把男同学介绍给女同学，把学生介绍给老师，把迟到者介绍给早到者。

深入思考

要把一位姓张的经理介绍给一位姓刘的总经理，可以这样介绍：“这位是张经理，这位是大发商城的刘总经理”。请同学们思考：介绍过程中，先提到的是谁？是将地位低者介绍给地位高者，还是应该反过来？

四、名片礼仪

名片的使用已成为人际交往的一种重要手段。名片是一个人身份和地位的象征，是一个人尊严和价值的一种外显方式，也是使用者要求社会认同、获得社会理解与尊重的一种方式。通常在社交、拜访和感谢祝贺时使用名片。

1. 使用名片的礼仪

（1）放在合适的地方

名片一般放在衬衣左侧口袋或西装的内侧口袋，口袋不要因为放名片而鼓起来，不要将名片放在裤袋里。

（2）养成良好习惯

与他人交换名片前，要检查和确认名片夹内是否有足够的名片。

（3）正确递交名片

正确递交名片的动作要求是：右手的拇指、食指和中指合拢，夹着名片右下部分使对方好拿，以弧状的方式递交至对方胸前。

2. 接受名片的礼仪

（1）双手接过名片。

（2）认真观看，读一下，并说“谢谢”。如能对别人的名片讲两句欣赏赞美之词则效果更好。交际心理学家告诉我们，所有人都愿意听到别人重复自己的名字，被别人重视和欣赏是一件十分愉快的事情。

（3）接受名片拜读后应仔细收好，一般放在名片夹里。随便将他人的名片放在桌子上，待会儿再到处寻找是十分失礼的事情；如果当着对方将名片放在裤子后侧口袋里，更是对人的极不尊重。

（4）收到名片两三天之内，按名片上的电话联系一下对方，问声好，并提醒对方你是他名片的持有者，对方会感到受重视，会十分高兴，这将为今后的进一步交往打下良好的基础。

接受名片

3. 交换名片的礼仪

交换名片的礼仪主要体现在交换的顺序上，一般应遵循“先低后高，先幼后长，先客后主”的原则。即地位低者、晚辈或客人先递名片给地位高者、长辈或主人，再由地位高者、长辈或主人予以回赠。

如果地位高者或长辈先递过名片，此时地位低者或晚辈不必谦让，大大方方地收下即可。如没有名片回赠，可以说：“谢谢，但很抱歉，我没有名片回赠”。切忌跳跃式、交叉式递交名片。

知识链接

递交名片禁忌

- 无意识地玩弄对方的名片。
- 当场在对方名片上写备忘事情。
- 先于上司向客人递交名片。

案例学习

20×× 年 4 月，新城举行春季商品交易会，各方厂家云集，企业家们济济一堂。A 公司的李总经理在交易会上听说 B 集团的崔董事长也来了，想利用这个机会认识这位素未谋面却久仰大名的商界名人。午餐会上他们终于见面了，李总彬彬有礼地走上前去："崔董事长，您好，我是 A 公司的总经理，我叫李明，这是我的名片"。说着，便从随身带的公文包里拿出名片，递给对方。崔董事长显然还沉浸在之前与他人的谈话中，他顺手接过李总的名片，说了声"你好"，草草地看了看，放在了一边的桌子上，李总在一旁等了一会儿，并未见崔董事长有交换名片的意思，便失望地走开了。

模拟演练

与你的同学一起演练名片传递和接受过程。可对照要求，互相纠正不正确的动作。

五、其他常见会面礼仪

1. 致意礼仪

致意是不需要用语言表达，而需要用动作表达的礼仪。一般而言，致意的基本规则是：男士应当首先向女士致意；年轻者应当首先向年长者致意；学生应当首先向老师致意；下级应当首先向上级致意；而服务人员则自然应当首先向宾客致意。在旅游服务中，服务人员与宾客之间常常需要互相致意。

致意也是一种见面礼节。在公共场合遇到相识的朋友但距离较远时，一般是举起右手打招呼（不可大声），并点头致意。与相识者在同一场合多次相遇，不必每次都问候握手，只需点头微笑致意即可。

对一面之交的朋友或不相识者，在社交场合见面时，均可点头微笑致意，表示友好。在外事场合遇见身份高的领导人，要有礼貌地点头致意表示欢迎，不可主动上前握手问候。只有领导人主动伸手时，方可上前握手问候。若遇到身份高的熟人，一般也不可径直前去问候，而是在对方应酬活动告一段落后，再前去问候致意。

举手致意

知识链接

欧美国家的脱帽礼仪

脱帽礼在欧美国家以及受欧美影响的许多国家广为流行。在公共场合行脱帽礼时，男子摘下帽子向对方点头致意即可。若相识者侧身已过，双方也可回身补问“您好”，并将帽子略掀一下即可。若相识者在同一场合屡次相遇，双方不必反复脱帽，只点头致意即可。当进入主人房间时，客人必须脱帽，以示致意。

深入思考

在服务场所，为什么“内开门，服务人员先进入”，而“外开门，客人先进入”呢？

2．鞠躬礼仪

鞠躬礼源于中国，在先秦时代就有“鞠躬”一词，当时是指弯曲身体之意，代表一个人的谦恭姿态，并未形成一种礼节形式。后来逐渐演变成一种弯身的礼节，表示内心的谦逊恭谨。鞠躬礼是向他人表示尊重和敬佩的一种郑重其事的表达方式。在中国、日本和韩国使用较为普遍。

行鞠躬礼时要面对客人，并拢双脚，视线由对方脸上落至自己的脚前 1.5 米处（15 度礼）及脚前 1 米处（30 度礼）。男性双手放在身体两侧，女性双手合起放在身体前面，必须伸直腰，脚跟靠拢，双脚尖处微微分开，目视对方。然后将伸直的腰背，由腰开始上身向前弯曲，弯腰速度适中，之后抬头直腰，动作可慢慢做，这样会令人感觉很舒服，如下图所示。

鞠躬礼

知识链接

鞠躬礼的运用

在国际交往中也经常施鞠躬礼。此种礼节一般是下级对上级，或是同级之间，或朋友初次相见之间的礼节。

行鞠躬礼必须注目，不可斜视，受礼者也同样。当然，上级、长者或尊者在行礼时，可以欠身点头或同时伸出右手以答之，不鞠躬也可。

遇到客人、表示感谢或回礼时，行15度鞠躬礼；遇到尊贵客人时，行45度鞠躬礼。

3．亲吻礼仪

亲吻是表示亲密、热情和友好的一种见面礼仪和告别礼仪，多见于西方、东欧和阿拉伯国家。有时，它会与拥抱礼同时采用，即双方会面时既拥抱又亲吻。

一般而言，吻手表示敬意、吻额表示友情、吻颊表示欢喜、吻唇表示恋爱、吻眼表示幻想、吻掌表示热望。通常的习俗是：夫妻、恋人或情人之间吻唇；长辈和晚辈之间吻脸部或额头；父母子女间亲脸、额头，平辈之间互贴面部。亲人、好友之间拥抱、亲脸、贴面颊。

行亲吻礼时，通常以自己的唇部接触对方的面部，但忌讳发出亲吻的声音，而且不应将唾液弄到对方脸上。

当代，在许多国家的迎宾场合，宾主双方往往以握手、拥抱、左右吻面或贴面的连续性礼节表示敬意和热烈的气氛。

4．拥抱礼仪

拥抱在西方社会如同握手一样，是一种重要的见面礼节。不论是私人生活中的交际，还是政府的正式外交场合，这种拥抱礼节人们都会经常使用。

行拥抱礼一般是两人相对而立，右臂偏上，左臂偏下，右手环抚于对方的左后肩，左手环抚于对方的右后腰；按各自的方位，两人头部及上身都向左相互拥抱；然后头部及上身向右拥抱；再次向左拥抱，礼毕。

拥抱礼

知识链接

拥抱礼注意事项

● 礼节性的拥抱，双方身体不可贴得太紧，拥抱的时间也很短，不能用嘴去亲吻对方的面颊。

● 在正式外事接待场合，行拥抱礼都为男士，对女宾不宜用此礼，而应改用握手礼。

● 在正式场合，使用拥抱礼应事先了解对方是否习惯或喜欢此种礼节，不可贸然使用。对不喜欢拥抱礼的外国客人，如印度、日本、美国及东南亚人应慎用。

 深入思考

请同学们思考一个问题：礼仪仅仅是一门社会知识，或是人际交往的一种技能吗？

第二节 通信礼仪

通信礼仪通常是指利用电话、传真、电子邮件和手机等通信手段时，所应遵守的礼仪规范。

一、电话礼仪

电话是现代通信工具之一，具有操作简便、沟通迅速等功效。它不仅是一种通信手段，也成了一种联系和交际方式。人们在“未见其人先闻其声”中塑造着自己礼貌、热情、美好的形象，从而折射出所在企业的形象。因此，旅游服务人员在接打电话时都应注意遵守电话礼仪。

接打电话能体现出旅游服务人员的文化素质与修养水平。微笑而平静地接打电话，会让对方感到温暖亲切，尤其是使用敬语、谦语，能收到意想不到的效果。要时刻注意维护自己的“电话形象”。

1. 接电话程序

（1）接电话。电话铃响后，应尽快接听，不要延误。若铃响三遍后方接起，要对对方说声：“对不起！”或“让您久等了！”。

（2）问候对方。电话接起后应首先向对方问候，如“早上好！”“您好！”等。

（3）自报家门。问候对方后，服务人员应该自报家门，如“这里是××饭店！”或“这里是××部门！”

（4）认真倾听对方事由。

（5）认真记录对方交代的事由。

（6）复述对方事由并核对。

（7）问清对方的姓名、地址等相关信息。

（8）致谢，挂机。服务人员要等对方挂机后，自己再轻轻放下电话机。

2．打电话程序

（1）备好电话号码。

（2）备好通话内容。在工作岗位上给服务对象打电话，一定要事先准备好通话内容。这样，既不会遗漏要点，又可以节约时间。

（3）拨电话号码。

（4）问候。电话拨通后，服务人员应该主动向对方问候，如“您好！”“早上好！”等。

（5）自我介绍。当对方回应后，服务人员应主动自我介绍，如“我是 ×× 饭店服务员 ××”或“我是导游 ××”。

（6）确认对方姓名。电话接通后，可以先核对对方的单位或电话号码，然后再提出请受话人接听。

（7）分项说明事由。当确认对方是自己要找的通话人，服务人员应该分项说明事由。如果对方不在，可以请人转告，或让对方再打电话过来。

（8）重复重要的内容，并与对方核对重要的内容。

（9）致谢，挂机。服务人员要等对方挂机后，自己再轻轻放下电话机。

3．电话礼仪要求

（1）选择适当的时间给客人打电话，尽可能不打扰客人休息。

（2）铃响三声内必须接电话，微笑问好，并自报家门。

（3）接听电话时，如遇到其他客人问话，应用手势（手掌向下压或点点头）表示“请稍等！”。

（4）不要在工作时间打私人电话或电话聊天。

（5）若通话时间较长，应首先征询对方现在是否方便接听。

（6）不能将单位领导的电话和要害部门的电话号码随意告诉对方。

（7）通话过程中，要注意礼貌。电话要轻拿轻放，声音要自然柔和，面带微笑。

（8）重要电话或国际长途，应提前做好准备，把要找的人名、要谈的内容归纳成几条，写在纸上，这样才不会出现丢三落四的情况。

二、传真礼仪

传真是利用光电效应，通过安装在普通电话网络上的传真机，对外发送或是接收外来的文件、书信、资料、图表、照片的一种现代化的通讯联络方式。使用传真的礼仪包括以下两个方面。

1．发送传真时，一般不可缺少必要的问候语与致谢语。发送文件、书信、资料时，更是要谨记这一条。

2．收到传真后，应当在第一时间内即刻采用适当的方式告知对方，以免对方恼念。需要办理或转交、转送他人发来的传真时，千万不可拖延时间，耽误对方的要事。

三、电子邮件礼仪

电子邮件又称电子函件或电子信函，它是利用电子计算机所组成的互联网络，向交往对象所发出的一种电子信件。使用电子邮件应当遵守的礼仪规范主要包括以下三个方面：

1. 电子邮件应当认真撰写，要求主题明确，语言流畅，内容简洁。

2. 电子邮件应当避免滥用，若无必要，轻易不要向他人乱发电子邮件。收到他人重要的电子邮件后，要即刻回复对方。

3. 电子邮件应当慎选功能。目前的软件支持在电子邮件中使用多种字体和多种信纸的底纹，这固然可以强化电子邮件的个人特色，但此类功能必须根据邮件内容、收信者使用。

四、移动电话礼仪

随着现代科技的不断发展，手机的使用越来越普及，手机已成为现代通信工具的重要组成部分。由于手机携带方便、联系快捷，不受时间、地点的限制，因而成为服务人员，特别是导游人员不可缺少的通信工具。使用手机，除要遵守拨打电话的礼仪规范外，还应注意以下礼仪：

1. 在公共场合打手机，说话声音不要太大，以免影响他人或泄露公务和机密。

2. 先拨打客人或客户的固定电话，找不到时再拨打手机。

3. 通话要简洁明了，以节约话费。

4. 在嘈杂环境中听不清楚对方声音时要说明，并让对方过一会儿再打过来或自己打过去。

5. 在特定场合（如会场、飞机上、音乐厅、加油站等）要关闭手机。

案例学习

新加坡曾提出“电话文化”的口号，起因是一位美国商人打电话给新加坡一家银行的某经理，经理室没人接，那位商人要求接线员转接他处寻找一下，接线员很不耐烦，并冷言冷语，美商也很不高兴，说话语气也重了，要求接总经理处，电话却“啪”地挂断了，商人再打，接线员赌气就是不接。最后商人拂袖而去，一笔15万存款进入了另一家银行。

思考：从这个案例中我们可以得到什么启示？

模拟演练

全班同学分组演练，每组不少于3人。每组设计一个打电话的场景、事由，一人扮演打电话者，一人扮演受话者，组内其他同学负责评价两人的电话礼仪。

第三节　旅游服务人员沟通技巧

良好的沟通能力是旅游服务人员应具备的基本素质。掌握一定的沟通技巧会使服务人员在服务和工作中更好地与宾客和同事交流。

一、语言沟通

语言沟通是人际交往中传递信息的重要手段，是一名旅游服务人员知识、阅历、智慧与教养的真实体现。语言沟通也是交流思想感情、增进友谊的重要纽带，是建立良好人际关系的重要途径。语言沟通不仅讲究语言的准确，内容的意境，态度的诚恳，更讲究表达方式和技巧。语言沟通时的要求见表 4—5。

表 4—5　语言沟通时的要求

要求	说　明
语言准确	对国内宾客要讲普通话；对外国宾客服务时，要尽可能使用外语；语音要清晰，吐字要标准；语速要适中，每分钟以 80 ～ 100 字为宜；语调要抑扬顿挫，给人带来舒适欢欣之情
话题恰当	选择一个好的话题，会使双方找到共同语言，预示着交流成功了一半。要选择双方共同关注的话题、高雅的话题和对方感兴趣的话题
避免禁忌	不谈论个人隐私的话题，不谈论令人不快的话题，不谈论评品他人的话题，不谈论失敬于人的话题

二、肢体语言的使用

肢体语言即体语，它是以人的表情、手势、姿态、界域语、首语等来传递信息的一种无声的伴随语言。在交谈过程中，肢体语言对沟通效果起着辅助作用。

1．表情

表情是肢体语言最丰富的部分，是人内心情绪的流露，喜、怒、哀、乐都可以通过表情来体现和反映。表情在人际交往过程中起42%的作用，尤其是微笑的表情往往能带给人愉快之感，它意味着“我愿意和你交流”“我欢迎你的到来”等拉近人与人之间距离的意义。交谈时的表情要自然，要给人以温和、大方、亲切的感觉，表情最好要随着交谈内容的变化而变化，表明重视对方或对他人的讲话感兴趣，并给予适当的理解、关心、肯定等表示，以唤起对方继续交流的愿望。

2．手势

手势有情绪性、指示性、描述性、礼节性等多种意义。在交谈中，富有表现力的手势可以加强表情达意，加深交谈印象，活跃交谈气氛。但手势不宜过多、过快，要柔中带刚，要与面部表情和身体其他部位的动作相配合，才能体现出对听者的礼貌。下面列举一些常见的手势及其注意事项。

手势

（1）“OK”

就是把拇指与食指环成圈，另外三指伸直，通常表示“已经做好了、完成了”，或者表示数字0或3，或赞同对方观点的意思。但是，在突尼斯该手势表示傻瓜，在巴西则表示侮辱男人、引诱女人。

（2）“V”

表示数字2，如果手掌心向外，大多表示胜利(Victory)。但在希腊这个手势是侮辱人的意思。

（3）拇指向上

表示赞赏，在中国民航系统这个手势表示“一切都好了”“已经就绪了”“赞同”的意思。但是，如果用拇指点住鼻尖，另外四指做鸡冠状摇动，则是侮辱对方的意思。

（4）食指向上

大多数时候表示数字 1。在法国表示请求提问，在澳大利亚则是“再来一杯啤酒”的意思。把食指放在唇中间则是“嘘，别出声”的意思。

（5）弯曲食指

这是英美人惯常用的手势，表示招呼某人过来。这个手势在中国表示数字 9；在缅甸表示数字 5；在斯里兰卡表示“一半”；在墨西哥表示“钱”或“询问价格”；在日本表示“小偷”或者有“偷窃行为”；在印度尼西亚表示“心肠坏”；在新马泰（新加坡、马来西亚和泰国）表示“死亡”；在新加坡伸出弯曲的食指，还表示拳击比赛中的“击倒”。

（6）向上伸中指

两千多年来被罗马人称为“轻浮的手指”。在大多数国家都有侮辱的含义。

（7）向上伸小指

在中国表示“小”“最差”“最后一名”，有时也是“轻蔑”的意思；在日本表示“女人”或“女孩”，甚至“恋人”；在菲律宾表示“小个子”“年少者”“不重要的人”；在美国表示“懦弱的男人”或“打赌”；在尼日利亚，伸出小手指也有“打赌”的意思；如果在泰国和沙特阿拉伯，向对方伸出小手指，表示彼此是“朋友”，或者表示愿意“交朋友”；在缅甸和印度，做这个手势代表“想去厕所”。

（8）打响指

这个动作在舞蹈动作中可以适当运用，在生活和工作场合这是一个应该避免的动作。很多人喜欢在一些时尚餐厅打响指来招呼服务员，其实这是对对方的不尊重，虽然在一些大排档或者舞厅可以做这个动作，但如果能够用招手来代替的话，尽量不要打响指招呼别人。

（9）用手指点太阳穴

表示“机灵一点”或“多动动脑筋”。这个动作有时是自说自话警示自己，有时是提醒别人注意。如果用食指在太阳穴划个圈，则有“太奇怪了”的意思。

此外，右手拇指、食指和中指捏在一起，在空中做出写字的动作，则表示付账。在餐馆里为了避免大声喧哗，通常会用招招手引起服务员的注意，然后再做这个动作，彼此也就心领神会了。

案例学习

小王精神饱满地奔赴酒店，准备当天的旅游接待工作。小王笑容可掬地站在车门旁边迎候游客们上车，接着小王按惯例开始清点人数，“1、2、3、4…”小王轻轻地念着，同时用手指点数游客。游客很准时，没有迟到的。在旅游过程中，小王的旅游知识尽管很丰富，服务也很周到，但是他发现游客们还是有点不对劲。小王百思不得其解。随后，小王向经验老到的导游员进行请教，才茅塞顿开。

在导游讲解服务过程中，最忌讳导游员用手指点游客，这是对游客极大的不尊敬。在清点人数时，可以采用默数的形式，即用目光进行清点，心里默记。

3. 姿态

姿态是一个人的举止，是人的思想情感、文化修养的外在表现。交谈时，要注意将自己的身体正面朝向对方，给人以坦诚、易交流的感受，避免身体不动、扭头说话的习惯。交谈时不能经常看手表，或将双手搂在脑后，交叉双臂抱在胸前，双腿叉开等意味否定意义的行为；也要避免揉眼、搔头、玩指甲、压指节、打哈欠、伸懒腰、吐烟雾等小动作。

与人交谈时切忌双臂抱在胸前

4. 界域语

界域语是交谈者之间以空间距离所传递的信息，它是人际交往过程中一种特殊的无声语言。由于人们交往性质的不同，个体空间的限定范围也有所不同。在旅游服务中，服务人员根据接待对象和接待目的的不同，选择和保持合适的距离是极为重要的。一般来说，关系越密切，个体空间的范围划得越小。美国人类学家爱德华·霍尔博士认为，根据人们交往关系的不同程度，可以把个体空间划分为四种距离。

界域类型	界域距离	适用对象
私人距离	50 厘米以内	又称“亲密距离”。属于私下情境，多用于情侣、夫妻、父母与子女、知心朋友（多为女性间）之间。一般不宜用于两位成年男子间。亲密距离属于很敏感的领域，交往时要特别注意，不要轻易采用
社交距离	50 ~ 150 厘米	又称“常规距离”。该距离表现为伸手可以握到对方的手，但不易接触到对方的身体。这一距离对讨论个人问题是很合适的，一般的朋友交谈多采用这一距离
礼仪距离	150 ~ 300 厘米	又称“敬人距离”。人们采用该距离，表示属于礼节上较正式的交往关系。办公室里的工作人员多采用这种距离交谈。在小型招待会上，与没有过多交往的人打招呼可采用此距离
公共距离	300 厘米以上	也称“敬人距离”。人们采用该距离，表示属于礼节上较正式的交往关系。办公室里的工作人员多采用这种距离交谈。在小型招待会上，与没有过多交往的人打招呼可采用此距离

案例学习

张琦和文静是同一家酒店的职员，关系一直不错。文静升任前厅部主管之后，从集体办公室换到了一间较大的独立办公室。第一次汇报工作时，张琦进到文静的办公室，还想像往常一样坐在文静的旁边。可是当她看到在宽大的老板桌后面正襟危坐的文静时，心里很不适应。当文静请她在一米开外的椅子上坐下时，她立刻感到了工作环境及上下级间特有的严肃氛围，于是马上进入了状态。她自然地向文静道贺，并简明扼要地汇报了自己的工作情况，然后就很有礼貌地退出了文静的办公室。

评析：案例中的两人都是很懂界域礼貌的人。文静善于用界域距离拉开与张琦的距离，用这种方式非常委婉地告诉她两人之间等级的变化，有利于两人今后在工作中的沟通。而张琦也非常识趣地保持了这种界域礼貌，并拉开了两人的距离。

所以我们在不同的场合，面临不同身份的人时，应当思考一下要保持的界域距离，这样做既表明了对对方的尊重又有利于双方的沟通。

5. 首语

首语是通过头部来传递信息的一种肢体语言，如点头、摇头、低头、歪头等。世界上大多数国家和地区都以点头来表示肯定，而以摇头来表示否定；头部保持中立时，表明对对方的讲话没有太大兴趣；歪头或头部下意识地从一侧斜向另一侧是一种积极的信号，说明对对方的话有一定的兴趣；低头是一种消极的人体信号，说明对对方的讲话不感兴趣，当出现这种首语时，要立即停止谈话或重新选择另一个话题。

知识链接

不同民族、不同国家、不同习惯的手势不通用，不被他人理解，也容易产生误解。例如，以下几种常见手势语在不同国家所表达的意思有很大差异：

伸出右手，拇指与食指合成圆圈，其余三个手指伸直，这一手势在英美国家表示“OK”；在日本人眼中，表示要钱；在法国表示“零”或“毫无价值”；在泰国表示“没问题”；在巴西表示“粗俗下流”。

掌心向下的招手动作，在中国主要是招呼别人过来；在美国则是招呼狗过来。

跷起大拇指，一般都表示顺利或夸奖别人。但也有很多例外，在美国和欧洲部分地区，表示要搭车；在德国表示数字“1”；在日本表示数字“5”；在澳大利亚则是不礼貌动作。

深入思考

服务人员在工作中应该如何正确使用肢体语言，以表达对客人的尊敬与友好？

三、人际风格特征与沟通技巧

在人际交往过程中，依据一个人在沟通过程中情感流露的多少，以及沟通过程中做决策的速度是否果断这两个属性，把人际风格分为四种不同的类型。这四种不同类型的人在沟通中的反应是不一样的，服务人员只有很好地了解不同人在沟通中的特点，并且用与之相应的技巧沟通，才能够保证在沟通过程中做到游刃有余。人际风格特征与沟通技巧见表4—6。

表4—6　人际风格特征与沟通技巧

沟通类型	人际风格特征	沟通技巧
分析型	◆ 态度严肃认真 ◆ 做事有条不紊 ◆ 语调单一平和 ◆ 面部表情较少 ◆ 动作慢 ◆ 语言表达准确 ◆ 有计划，有步骤 ◆ 喜欢有较大的个人空间	◆ 注重细节 ◆ 遵守时间 ◆ 尽快切入主题 ◆ 要一边说一边拿纸和笔记录，像他一样认真，一丝不苟 ◆ 不要有太多和他眼神的交流，更避免有太多身体接触 ◆ 一定要用很多准确的专业术语 ◆ 要多列举一些具体的数据，多做计划，使用图表
和蔼型	◆ 态度合作友好 ◆ 相处和谐轻松 ◆ 面部表情和蔼 ◆ 目光接触频繁 ◆ 说话慢条斯理 ◆ 声音轻柔，抑扬顿挫 ◆ 使用鼓励性的语言	◆ 首先要建立好关系 ◆ 要时刻充满微笑 ◆ 说话要比较慢，要注意抑扬顿挫 ◆ 一定注意同他要有频繁的目光接触，每次接触的时间不宜长，但频率要高。三五分钟，就会目光接触一次，接触以后立刻又会羞愧地低下头，过一会儿再去接触一下，但是不要盯着他不放，要接触一下回避一下，沟通效果会非常的好
表达型	◆ 性格外向热情 ◆ 不注重细节 ◆ 语言表达幽默 ◆ 与人交往能力强 ◆ 动作频率较快 ◆ 语言生动活泼 ◆ 语言有说服力	◆ 声音响应一定要洪亮 ◆ 要有一些动作和手势。如果很死板，没有动作，那么表达型的人热情很快就消失掉，所以要配合他，当他出现动作的过程中，眼神一定要看着他的动作，否则，他会感到非常的失望 ◆ 表达型人的特点是只见森林，不见树木。所以在与表达型的人沟通时，要多从宏观的角度去说一说：“你看这件事总体上怎么样”“最后怎么样” ◆ 说话要非常直接 ◆ 表达型的人不注重细节，甚至有可能说完就忘了。所以达成协议以后，最好与之进行一个书面的确认，这样可以提醒他

续表

沟通类型	人际风格特征	沟通技巧
支配型	◆ 性格果断审慎 ◆ 有指挥能力 ◆ 面部表情比较少 ◆ 情感不外露 ◆ 强调工作效率 ◆ 有目光接触 ◆ 说话快且有说服力 ◆ 语言直接，有目的性 ◆ 工作计划性强	◆ 你给他的回答一定要非常准确 ◆ 多问一些封闭式的问题，他会觉得效率非常高 ◆ 要讲究实际，有具体的依据和大量创新的思想 ◆ 要在最短的时间里给他一个非常准确的答案，而不是一种模棱两可的结果 ◆ 不要有太多的寒暄，一定要直接说出你的来历 ◆ 说话时声音要洪亮，语速一定要比较快 ◆ 在与支配型的人沟通时，一定要有计划，并且最终要落到一个结果上 ◆ 不要感情流露太多，要直奔结果去说 ◆ 要有强烈的目光接触 ◆ 同支配型的人沟通时，身体一定要略微前倾

活动平台

在教师指导下，学生分成若干小组，根据上面所学知识，对小组同学进行人际风格归类，谈谈你将采取什么样的通过方式，以提高你与他们之间的沟通效率。

姓名	人际风格类型				特征	你所采取的沟通方式
	分析型	和蔼型	表达型	支配型		

体会：

结合所学判断自己属于哪种类型？

在你学习生活中常遇见的人际风格类型有哪些？如何避免在沟通中存在的障碍？

思考与练习

1. 旅游服务人员怎样才能在工作之中做到称呼恰当?
2. 人们见面时常行哪些礼节?
3. 如何介绍他人?
4. 递接名片时要注意哪些动作要领?
5. 接、打电话要注意哪些礼节?

第五章

chapter 5 旅行社服务礼仪

旅行社是旅游活动的组织者、安排者和联系者，在整个旅游活动中处于核心地位。要保证旅游活动圆满成功，旅行社必须在导游服务和各项接待服务工作中提供规范的礼仪服务。

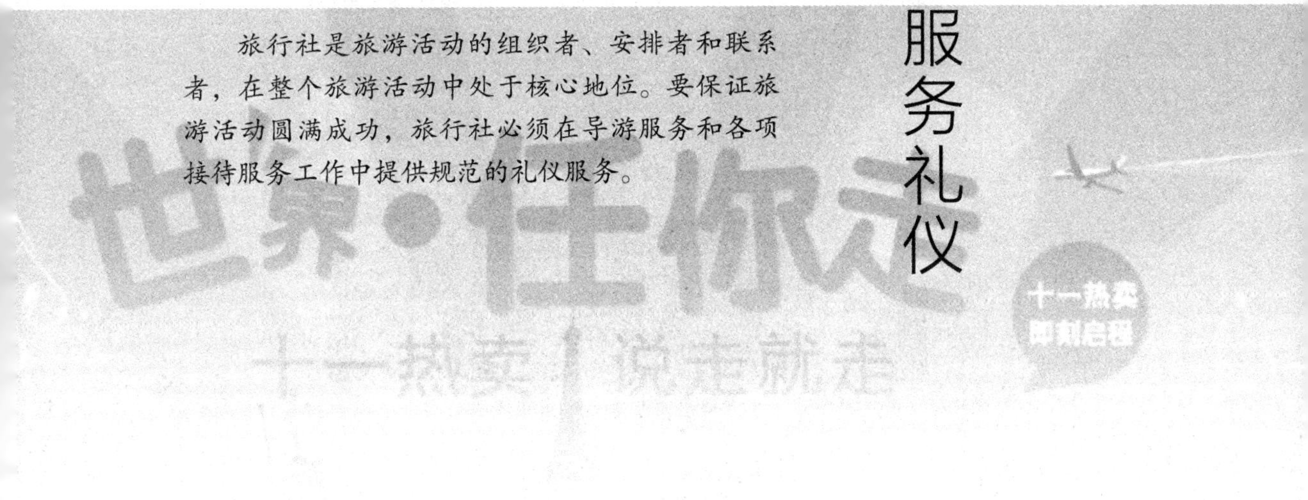

学习目标

- 掌握导游服务礼仪。
- 掌握旅行社服务礼仪。

第一节　导游礼仪

一、导游迎送礼仪

旅游团队迎送是导游人员的一项重要工作，迎客礼仪直接影响旅行社和导游在客人心目中的第一印象，而送客礼仪则关系到接待服务工作的整体形象。为此，搞好导游服务工作，迎送礼仪是十分重要的。

导游员为游客服务

1．迎客礼仪

（1）接团准备

1）了解基本情况。包括旅游团名称，全陪情况，旅游团人数，团员姓名、性别、年龄、职业、国籍、民族、饮食习惯、宗教信仰及受教育程度等。

2）了解接待标准。包括该团的费用标准和住房情况。

3）掌握团队的游览日程和行程计划。包括抵、离旅游线路各站的时间，以及交通工具类型和航班车次、接站地点等。

4）熟悉景点介绍。熟悉旅游团途经各城市和旅游点的情况。

5）领取和备齐身份证、工作证、导游证、导游图、导游胸卡、个人名片、通讯录、记事本、扩音器、导游旗、接站牌和旅途备用金。

6）地陪要适时核对接待车辆、就餐安排、交通购票等落实情况，要确定与接待车辆司机的接头时间和地点。

7）导游人员应按规定着装，佩戴导游胸卡，打社旗并持接站牌至少提前 30 分钟到达机场、车站或码头。

（2）接站服务

1）客人抵达后，导游人员要主动持接站牌上前迎接，先自我介绍，再确认对方身份，寒暄问候，核对团号、实际抵达人数、名单及特殊要求等，并引导客人乘车。

2）导游人员协助客人上车就座后，应礼貌地清点人数，注意不要用手指点数，待一切无误后请司机开车。

3）在途中应代表组团社或接团社及个人致欢迎词，同时还需向客人介绍日程安排、活动项目、停留时间及饭店基本情况等。

（3）入住服务

1）导游人员要协助团队办理入住手续，协助全陪分配住房。分发房号后，导游人员要了解客人住房的位置、安全通道等，记住全陪房号，同时将自己的房号、电话号码告诉全陪及游客。

2）核对客人的行李件数，同时督促行李员把客人的行李送至客人房间。

3）客人进房前应先介绍就餐形式、地点、时间及有关规定，并简单介绍游程安排，宣布第二天日程细节。

4）客人用第一餐时，导游人员要亲自带领他们进入餐厅，介绍用餐的有关事项。

5）及时处理客房存在的问题，如有需要，安排好叫早服务。

案例学习

小高是旅行社一名导游。一次，他去机场接一批客人，当他赶到机场时，飞机刚刚降落。由于赶时间，小高忙得满头大汗，于是他敞开衣服，解开领带。见到客人后，小高热情迎接、问候，并引导客人到达停车地点，最后把客人安全送到下榻的饭店，顺利完成了接站任务。

思考：请问小高有何不妥之处？应如何以更正？

深入思考

一旅游团入住饭店后不久，全陪小王接到团员刘先生打来的电话，说房间临街，过于嘈杂，要求调换到背街的房间。小王正欲前往处理，另一团员马先生也打来电话，抱怨所住的标准间太小，要求调换到套房。小王反复做客人的思想工作，希望他们能将就一个晚上，反正明天就要离开这里了。最后客人们闷闷不乐地回了客房间。

你会像小王那样处理问题吗？你应该怎么做？

2. 送客礼仪

（1）旅游团离开本地之前，导游人员应根据客人离去的时间，提前预订好去往下一站旅游地或返回的机（车、船）票；客人乘坐的车厢、船舱尽量集中安排，以利于团队活动的统一协调。

（2）送客前安排好结算、赠送礼品、合影留念、欢送宴会等事宜。

（3）协助办好行李交接。离开饭店前，导游人员应提醒客人整理好自己的物品，打好托运的行李。

（4）出发前，要提醒客人不要遗忘自己的物品，不要带走房卡。上车后，仔细清点客人人数。要将客人的各种证件亲手交给客人或全陪。

（5）致欢送辞，应使对方感受到自己的热情、诚恳、有礼貌和有教养。

（6）和客人道别时，应向客人挥手致意，祝客人旅途一路顺风，目送客人离开。若客人乘坐的车、船、飞机晚点，应主动关心客人，必要时须留下与全陪共同处理有关事宜。

（7）按导游工作程序规定的时间要求到达机场（车站、码头）：送乘国内航班，应提前90分钟到达机场；送乘国际航班，应提前2小时抵达机场；送乘火车或轮船，应提前60分钟到达车站或码头。

二、导游沟通协调礼仪

导游工作独立性强，服务对象复杂多变，要使每一位客人都满意确实不容易。因此，导游人员要尽力做好与客人的沟通协调工作，尽可能地照顾到各方，使其玩得开心，游得尽兴。

1. 把握客人心理

一名合格的导游员要圆满完成带团任务，就应对所接团队成员各方面的情况要详细了解，全面把握他们的出游动机及旅游活动各个阶段的心理变化；善于察言观色，从游客的言谈举止洞察其性格特征、兴趣爱好、希望与要求，合理安排旅游线路，合理分配景点停留时间，确定景点介绍的侧重点。

2. 搞好与全陪的关系

导游人员与全陪搞好关系，得到全陪的理解、合作和支持是导游人员带好旅游团的一个重要方面。导游人员要尊重全陪，支持他的工作，尊重他的意见和建议；在带团过程中，如出现导游人员与全陪对某些问题意见不一致的情况，导游人员要主动与全陪沟通，力求及早达成一致，避免分歧继续扩大。

3. 多与客人沟通，与客人建立伙伴关系

在旅游活动中，导游人员一定要加强与客人的意见沟通和情感沟通，争取与客人结为伙伴。要正确把握与客人交往的心理状态，尊重客人，微笑待人，语言和谐，努力与客人建立融洽无间的关系，使他们产生满足感和对导游人员的信任感。

4．善于调节客人的情绪，保持、提高客人的游兴

调节客人的情绪，保持、提高他们的游兴并激发新的游兴，使其配合导游人员的工作，是旅游活动成功的基本保证，也是导游工作成功的一个重要标志。要保持、提高客人的游兴，导游人员必须做到讲解灵活、幽默、富有联想；安排好旅游日程，把握好游览速度和导游讲解的节奏，让客人感到自然、轻松自如。

5．讲究沟通协调技巧

导游人员要有灵活运用语言的能力和临场应变能力，善于巧妙回答客人提出的各种问题，学会与客人交流和沟通。当客人的要求不能得到满足时，导游人员也要学会巧妙地运用拒绝的技巧。多数情况下，拒绝客人是不得已而为之，但只要措辞得当、表达得法、态度诚恳，并掌握适当的分寸，客人是会予以理解和接受的。

深入思考

在旅游服务过程中，如果有游客提出了无理要求，或提出了其他无法满足的要求，作为一名导游员，你该如何处理？

三、导游讲解礼仪

1．符合讲解服务规范

（1）掌握好游前讲解、途中讲解、景点讲解和游后讲解四个服务阶段的内容和技巧。

现场导游服务

（2）把握好讲解时间。一般来讲，导游人员的讲解时间应占整个游程的60%～75%，如少于60%，导游人员将不被游客所关注，游客则开始依赖于同座或同伴的评论。

（3）讲解要做到实事求是。导游人员在讲解过程中要做到实事求是，尤其对一些专业知识更应如此，切不可信口开河。

2．姿势要端正而灵活

导游人员的讲解是直接面对游客的，讲解时姿势一定要端正、优美，给人以落落大方的感觉。

3．讲究语音、语调艺术

（1）要控制好讲解声音的强弱。导游讲解时，应根据客人人数的多少和导游点周边的环境、讲解的内容，调整自己的音量，应使每一位宾客都能清楚地听到讲解的声音。

（2）要控制好讲解的语速。比较理想的导游语速应是适中，有快有慢，富有变化性。语速较快，宾客不易听清；语速较慢，又不易激发游客的游兴。

（3）要有富有吸引力的语言停顿。科学的停顿能突出说话时的节奏感，使说话的节奏显得抑扬顿挫，能够更好地表达情感，更好地吸引游客，激发游客的兴趣。

4．语言能满足宾客的观赏要求

语言是导游人员最主要的服务工具。导游人员应尽可能地使自己的语言艺术化、规范化，通过自己深入浅出、形象生动、博古通今、妙趣横生的介绍去满足客人的观赏要求。

深入思考

游览过程中导游的哪些话题容易引起客人的兴趣？

案例学习

小徐是位刚跨出旅游学校大门的导游员，这次他带的是来自天津的旅游团。与前几次带团一样，上车后，小徐便认真地讲解起来。他讲到这个城市的历史、地理、政治、经济和这个城市一些独特的风俗习惯。然而，游客对他认真的讲解似乎并无多大兴趣，不但没有报以掌声，坐在车子最后两排的几个游客反而津津乐道于自己的话题，相互间谈得非常起劲。虽然也有个别的游客回过头去朝那几位讲话者看一眼以表暗示，但那几个游客似乎压根儿没有意识到，依然我行我素。看着后面聊天的几个游客，再看看一些在认真听自己讲解的游客，小徐竭力保持自己的情绪不受后面几位聊天者的影响。但是，他不知道怎样做才能阻止那几位游客聊天。

在一个旅游团中，导游员不能期望所有的游客都依照自己的愿望行事，都像小学生似的专心致志地听自己讲解。作为导游员，当发觉旅游团中有游客不爱听自己的讲解时，首先应该反省自己：是自己讲解的内容游客听不懂吗？是自己的讲解缺乏吸引力吗……如果说，自己在讲解时语言、内容、趣味性、技巧上都无懈可击，而仍有个别游客在其中干扰的话，则应该拿出良好的对策，而不该视而不见。导游员可以用友好的、委婉的、商量的语气，加大嗓门跟那几位讲："对不起，刚才可能我讲话的声音太小，所以使得后面的游客不能听清楚。接下来，我把声音放大一些，请问后面的游客能听到吗？"导游员也可以边微笑边说："对不起，可能刚才我的讲解有些游客不感兴趣，这样吧，接下来，我讲一些大家都感兴趣的内容"。顿一顿再加大嗓门说："哎，后面的几位游客希望我讲些什么内容呢？"这样的发话，既没有损害游客的面子，又可以阻止他们继续聊天。如果你是这个团的导游，你还有什么更好的处理办法呢？

案例学习

一次，恰逢旅游旺季，××旅行社英语导游短缺，于是从××外语学院请来一名口语不错的在校生充当临时导游，接待一个泰国团，该导游服务热情周到，在带团初期一切状况良好，但后来却发生了一件不愉快的事而招致客人投诉。原因是团内有一对年轻夫妇的小孩长得十分可爱，导游忍不住在男孩的头上摸了一下，这种在中国看来很平常不过的举动，却触犯了泰国人"重头轻脚"的禁忌，男孩的父母当即就沉下脸，只是没有当场发作，但导游却不懂得察言观色，后来又忍不住摸了一下小孩的头，这下男孩的父母再也控制不住，当场与导游吵了起来，导致最后的投诉。

四、处理突发事件的礼仪

当遇到以下突发事件时，导游人员要沉着应变，机智处理问题，并注重礼仪和方法。

1．路线与日程变更

（1）如遇接团社没有订上规定的航班与车次的机、车票，而更改了航班、车次或日期，应向客人做好解释，并提醒接团社，及时通知下站。

（2）如因天气或其他原因，临时取消航班，不能离开所在城市时，应注意争取全陪合作，稳定客人情绪，并立即与内勤联系，配合民航安排好客人的用餐和休息问题。

（3）如遇景点关闭等特殊情况，不得不改变活动项目，导游员应该以精彩的介绍、新奇的内容和最佳的安排激起客人的游兴，让他们高兴地随导游员去游览替代的景点。

2．行李丢失和损坏

（1）当在机场发现行李丢失时，应凭机票及行李牌在机场行李查询处挂失，并保存好挂失单和行李单，将丢失者联系方式告诉查询处，并记下查询处电话、联系人和航空公司办事处的地址、电话，以便联系。

（2）如行李在接团后丢失，应冷静分析情况，先设法寻找。若未找到，应把详细情况向旅行社领导汇报，由旅行社安排内勤、外勤和其他工作人员帮助寻找丢失的行李。

（3）如行李损坏应掌握“谁损坏谁赔偿”的原则。若一时查不清责任，应许诺给受损失者修理或赔偿，费用掌握在规定标准内，请客人留下书面说明，发票由地陪签字，以便向保险公司办理索赔。

3．宾客病危或死亡

（1）游客病危时，导游员要及时向接团社汇报，积极组织抢救，尽快与旅行社取得联系，报告情况，并请社里派人到医院照料病人。

（2）患者需要住院动手术时，应征得患者亲属同意并签字后方可进行。

（3）如经医院抢救无效死亡，由参加抢救的医生向死者亲友、全陪、当地旅行社代表详细报告抢救经过，并写出“抢救经过报告”及“死亡诊断证明”，由主治医师签字盖章后交死者亲属，同时复印三份交给有关部门和人员收存。

（4）如果是非正常死亡，导游员要保护好现场，立即向公安局和旅行社报告，协助查明死因。

4．宾客财物被盗

如发现客人财物短缺，应迅速了解物品丢失前后经过，做出正确判断，是失主不慎丢失，还是被盗。如果是财物被盗，应立即报警。

5．交通事故

（1）如有受伤人员，应立即组织抢救。电话呼叫救护车或立即拦车将伤员送往距出事地点最近的医院抢救，并立即向接团社和组团社汇报，请示事后处理意见。

（2）注意保护现场。保护现场肇事痕迹，不要在忙乱中破坏现场，尽可能防止肇事者逃逸，以便交通警察和治安部门调查处理。

（3）迅速报告交通、公安部门，同时，向旅行社报告事故的发生和伤亡情况，请求派人前来协助事故的处理，并要求派车前来把未受伤和受轻伤者接送至饭店。

（4）做好全团人员的安定工作。事故发生后，除有关人员留在医院外，应尽可能安排其他团员继续按原定活动计划参观游览。

（5）做好事故善后工作。导游人员应照顾好受伤游客，写好事后情况报告，请医院开具诊断和治疗书，请公安局开出交通事故证明书，以供客人向保险公司索赔。

（6）交通事故处理就绪或该团接待工作结束后，导游员应写出书面报告。

6．其他特殊情况

如发现客人就餐后出现头晕、头痛、恶心、呕吐等不适症状，导游人员除立即劝阻客人进餐外，应迅速护送客人前往医院就诊，同时尽快报告接团社和卫生检疫部门，妥善处理善后事宜。

案例学习

导游员小李接待了一个来自外省的旅游团，按计划该团于9月30日返回。9月27日午餐后不久，随团的一位刘女士找到小李说："我刚刚接到家里的电话，母亲突然病故了，需要赶回去处理丧事"。刘女士非常悲痛，请小李帮忙。小李安慰了刘女士，并同意她提前离团，但表示服务费不能退。刘女士因事急，未作争辩，带着遗憾离开了。

思考：小李虽表示了同情，却未能满足刘女士的全部要求。妥善的处理方法是，协助刘女士购买返程机票，费用由刘女士自己出，而刘女士因特殊原因提前离团，未享受的综合服务费应由旅行社按旅游协议书规定退还。

如果客人在游览过程中，提出新增景点项目，你该如何处理呢？

深入思考

一旅游团在某名山游览，其中一位游客在登山时不慎摔伤，左手手臂骨折，流血、疼痛不止。此时，地陪马上将随身携带的治疗跌打损伤的内服药取出，让受伤游客服用。随后，地陪让全陪和另一位团员将受伤者送往医院治疗，自己则带团继续活动。

地陪这样做对吗？如果你是地陪会如何处理这样的事故？

第二节　驾驶员服务礼仪

一、驾驶员服务礼仪

1．迎客上车下车礼仪

（1）在接待客人之前，应认真做好准备工作，要求车况良好，车内干净卫生，车辆设施、技术性能完好。

（2）客人乘车时，驾驶员要礼貌迎客，见到客人主动离座，打开车门，表示欢迎，彬彬有礼。大客车及接团车驾驶员在客人上车时要坚持车门旁站立服务，站姿规范，微笑向客人致意、问候。

（3）使用服务敬语。

（4）主动帮助客人提拿物品。对所有客人都应平等相待，不可以外貌取人，以财气取人。

（5）遵守时间、扶老携幼、尊重女士是驾驶员服务的基本礼貌。

（6）车辆抵达，主动开车门，请客人下车，并帮助提取行李。向客人亲切告别。

（7）如客人抵达机场、码头，应预祝客人平安、顺利。

2．途中服务礼仪

（1）开空调、音响都要征求客人的意见。

（2）行车时保证客人安全。

（3）客人提问要热情回答，但不可不懂装懂。

（4）客人之间交谈时不可做倾听状，不可插嘴。

（5）途中若发生情况，应礼貌地向客人解释并表示歉意。

二、驾驶员个人礼仪

1．衣着应整洁得体

上岗时应穿企业统一服装，须按规定着装，注意衣扣齐全，不卷裤脚，不穿拖鞋。

2．仪容整洁卫生、朴素大方

男驾驶员不留长发、不蓄胡须，不纹身，不理怪异发型；女驾驶员不化浓妆，不染彩发，不使用气味浓烈的香水。驾驶员要注意个人卫生，要勤洗澡、剃须、理发、剪指甲。

3．行为举止文雅

在岗位上尤其在客人面前避免有打哈欠、打喷嚏、撩头发、挖耳鼻等不文明动作。不在车内吸烟、吃零食，不吃带有异味的食物，不向车外吐痰、抛撒杂物。车辆行驶中不使用手机、不将手臂伸出窗外；与客人谈话时，要摘下墨镜和手套，停止喝茶、吃东西。谈话时目视对方，站姿端正，使用敬语；注意与同事间的礼貌。要与翻译、导游主动配合。进入饭店、商场时要遵守社会公德。与客人用餐时，不饮酒、不敬酒。

第三节　旅行社接待礼仪

一、门市部接待服务礼仪

旅行社门市部是连接旅游企业与公众关系的枢纽，是塑造旅游企业形象，搞好旅游公关的重要一环。

1．门市部接待礼仪常规要求

（1）门市部是旅行社的“脸面”，应创造一种干净、典雅、舒适的环境和氛围，为来访者创造良好的“第一印象”。

旅行社门市部

（2）门市部接待人员在岗位上必须按规定着装、佩戴胸牌；要保持个人清洁卫生，保持仪表仪容端庄。

（3）接待人员对前来造访者应面带微笑，站起来迎接，并使用礼貌用语，如“您好”“请坐”，并斟茶倒水，对熟悉的客人应适当寒暄，可融洽气氛、增进情感。

（4）电话铃响时，应在三声内接听。使用礼貌、谦和的语言，声音要柔和，语调要亲切，语速要适中。对于客人的电话咨询，应耐心解答，不厌其烦。

（5）客人较多时，要招呼其他客人先坐下，或将有关资料呈上让其先查阅，然后按先后顺序予以接待，不要让客人感觉受到了冷落。

（6）客人离开时应起立，热情送别客人，并欢迎客人再来。

2．与客沟通的礼仪要求

（1）接待客人要讲文明礼貌，做到“不敷衍、不推诿、不顶撞、不争吵”。与客人说话时要和颜悦色，认真倾听。

（2）客人随意浏览旅游宣传品时，接待人员应注意观察，揣摩其需要和特点，寻找接近的时机和方式，以便进入交谈过程。

（3）对客人提出的涉及旅游和机票等问题，必须立即做出正确回答，同时予以介绍和报价，并帮助客人挑选旅游产品。如在接待过程中需接听电话，应先向客人打招呼；电话结束后，再向客人表示歉意。

（4）对客人提出的要求，无论营业部有无能力解决，接待人员都应从帮助的角度答复客人，并伴有行动上的表示。

（5）在确定客人的行程计划过程中，要尽可能按客人的要求提供服务。对特殊要求要确认，要详细告知客人各注意事项。

（6）客人挑选旅游产品后，要按照种类和价格迅速结算，客人付款时，现金要当面点清，并注意辨明钱币的真伪。收款后将机票、找零、身份证件等交给客人清点，并当面向客人交代清楚。

（7）接到客人投诉时，应耐心倾听，并详细记录客人的要求，告诉客人会尽快与有关部门联系解决；事后应及时把处理结果告知客人，要以真诚态度赢得客人的理解和信任。

二、旅行社特殊团队接待礼仪

特殊团队是指有别于一般旅游、观光，具有其自身特点的旅游团队。在组织接待安排时，不能等同于一般观光团的操作，应根据他们的自身特点，有针对性地组织操作和接待。

1．新闻记者或旅游代理商接待礼仪

新闻记者或旅游代理商参与旅游，目的是介绍自己组合的旅游线路，使其通过观察、了解并熟悉本社的业务和旅游目的地的情况，产生组团消费的愿望，宣传并介绍本社的旅游业务。旅行社组织新闻记者或旅游代理商旅游需要注意：

（1）精心设计最佳旅游线路。线路上的准备、接待、特色展示等安排到位。

（2）邀请团在考察过程中的活动，尤其是交通、食宿、参观旅游、文娱等活动，应与将来旅行社组团的活动基本一致。

（3）配备最佳导游。

总之，要让旅游代理商或记者们感到这是一次很好的休闲享受，进而回去后更好地宣传，起到扩大影响、吸引游客的作用。

2．大型团队接待礼仪

安排大型团队的旅游活动，难度相对要大，要求较高，旅游服务人员要具有较高的业务水平、较强的宏观调控能力和严谨的工作作风。注意做到：

（1）与各有关单位确认好行程安排。

（2）检查接待人员准备情况，通知其车号、客人数、房间号等。

（3）部门经理亲临机场、码头查看迎接准备情况。

（4）事先安排专人前往下榻酒店，检查住宿等情况。

（5）与车队联系好出车顺序，车上要贴好醒目的车号和标志。

3．残疾人团队接待礼仪

接待人员应热情、友好，尊重残疾人员；在生活方面要尽量提供方便，关怀备至；在导游方面，应尽量满足他们的要求；日程安排上时间要宽松；所选景点要便于残疾人活动。

思考与练习

1. 导游人员如何做好迎送服务？
2. 导游人员做好协调沟通工作要注意哪些原则？
3. 导游人员讲解有哪些礼仪要求？
4. 在旅行社门市部接待服务中，服务人员要注意哪些礼仪？
5. 旅行社接待大型团队时，接待人员要注意哪些礼仪？

第六章

chapter 6

饭店服务礼仪

饭店是一个综合性接待服务企业，优质服务是饭店的生命。在饭店所有岗位各个环节的服务中，接待礼仪主要体现为礼貌服务，宾客至上。目的是使宾客有宾至如归的感觉，从而更好地树立个人和饭店企业的良好形象。熟练准确的礼仪服务既能表示对宾客的尊重，又能弥补某些服务设施的不足，满足宾客的需求，使之认可饭店的服务质量，从而赢得更多回头客。饭店的接待服务礼仪贯穿从宾客进店到离店的整个接待服务过程，主要包括前厅部、客房部、餐饮部、康乐部、商品部等几个环节。

学习目标

- 掌握前厅服务礼仪。
- 掌握客房服务礼仪。
- 掌握餐饮服务礼仪。
- 掌握康乐服务礼仪。
- 掌握商品销售服务礼仪。

第一节　前厅服务礼仪

前厅是宾客进出饭店的汇集场所，被称为饭店的“门面”和“窗口”。前厅服务人员的服务礼仪直接影响着宾客对饭店第一印象的产生和最后印象的形成。因此，礼貌待客在前厅服务中显得特别重要。前厅服务礼仪主要包括：门厅迎送服务礼仪、总台接待服务礼仪、商务中心服务礼仪和电话总机服务礼仪。

一、门厅迎送服务礼仪

1．恭候迎宾服务

门厅迎送服务主要由迎送人员和行李员负责，他们代表饭店在大门口和门厅接待宾客，其接待服务礼仪规范见表6—1。

表6—1　　恭候迎宾服务礼仪规范

序号	步骤	内　容
1	上岗之前	做好仪容仪表的自我检查，做到服饰挺括、整洁，仪容端庄大方
2	上岗之后	面带微笑，站姿端正，精神饱满，全神贯注，随时恭候宾客光临
3	车到店门	负责外车道的迎送人员要迅速迎向车辆，微笑着为宾客打开车门，向宾客表示欢迎
4	开启车门	来饭店的车辆停在正门时，必须趋前开启车门，迎接宾客下车。开门时，应优先为女宾、外宾、老年人开门，先开启右车门，用左手拉开车门成70度角，用右手挡住车门的上方，提醒宾客不要碰头（对信仰伊斯兰教、佛教的人士除外）。对老弱病残及女宾客应予以帮助，并提醒其注意门口台阶
5	搬运行李	遇到宾客带有行李，迎送人员应立即招呼门口的行李员为宾客搬运行李，并协助行李员装卸行李，要注意有无遗漏的行李物品，并携行李引导宾客至总台接待处办理登记手续
6	周到服务	迎送人员要牢记常来本店宾客的车辆号码和颜色，以便提供快捷、周到的服务；逢雨天，宾客到店时，要为宾客打伞
7	礼貌问候	宾客进店时要为宾客开启大门，并说：“您好，欢迎光临！”

为客人开门

为客人开车门

为客人搬运行李

2. 进店服务

进店服务的礼仪规范见表6—2。

表6—2 进店服务礼仪规范

序号	步骤	内容
1	办理手续	陪同宾客到总服务台办理手续时，行李员应侍立在宾客身后两三步处等候，以便随时接受宾客的吩咐
2	引领宾客	引领宾客时，应走在宾客的左前方一二步处，随着宾客的步子徐徐前进。遇转弯处，要面带微笑向宾客示意。如引领的宾客行走较慢，可在引领过程中向宾客简要介绍饭店服务概况
3	乘坐电梯	同宾客乘电梯时，应按住电钮，礼让宾客先入梯；到达时，同样示意宾客先步出电梯
4	到达客房	陪同宾客到达客房后，将行李放在行李柜上，并当面向宾客交代清楚，然后微笑告别："请好好休息，再见！"面对宾客，后退一二步，自然转身退出房间，将房门轻轻拉上。注意不能关门太重，以防造成宾客不悦

3. 宾客离店服务

（1）行李员到楼上的房间去搬运行李时，进房前无论房门是关着还是开着，均要按门铃或用手指节敲门通报。在问清宾客共有多少件行李物品后，应小心提携并负责安全地运送到车上。

（2）宾客离店时，门卫应主动上前向宾客打招呼并代为宾客叫车。待车停稳后，替宾客打开车门，请宾客上车；如宾客有行李应主动帮宾客将行李放上车并与宾客核实行李件数。待宾客坐好后，为宾客关上车门，但不可用力过猛，不可夹住宾客手脚。车辆即将开动，门卫躬身立正，站在车的斜前方一米远的位置，上身前倾15度，双眼注视宾客，举手致意，微笑道别，说"再见""一路平安""一路顺风""谢谢您的光临""欢迎您再来""祝您旅途愉快！"等道别语。

（3）当团队宾客，大型会议、宴会的与会者集中离开时，要提高工作效率，尽量减少宾客的等候时间。对重点宾客离店车辆要先行安排，重点照顾。

（4）当候车人多而无车时，应有礼貌地请宾客按先后次序排队乘车。载客的车多而人少时，应按汽车到达的先后顺序安排宾客乘车。

（5）车辆启动后，面带笑容挥手告别，目送宾客离去。

案例学习

一天，某市正在举行各种各样的洽谈会和庆典活动，阳光饭店是当地一家高档饭店，前来参加活动的宾客非常多。上午，饭店的一位重要宾客杨女士乘上一辆车准备外出，当迎送员推上车门时，只听杨女士“啊哟”一声，迎送员忙把门打开，可已经来不及了，杨女士的手指被门夹了一下，而且伤得很厉害。“你是怎么关的门？”杨女士怒气冲冲地责问迎送员。“对不起，夫人！可我是看你落座后才关的门。”迎送员解释说。“你还强辩！”杨女士更是怒不可遏，于是双方发生了一场争执。

思考：这件事的主要责任在谁？如果你是饭店的迎送员，遇到这种情况该怎么处理？饭店迎送员应该如何避免发生这种事故？

二、总台接待服务

1．接待问讯服务

接待问讯时应注意的礼仪规范见表6—3。

表6—3　接待问讯时的礼仪规范

服务项目	服务要求
站立服务	要求姿态端庄大方，着装整洁，精神饱满，面带微笑，随时恭候宾客光临（现在也有部分高星级饭店采取总台坐式服务，其仪表着装要求与站式服务相同）
主动招呼	笑脸相迎，热情问候。要有问必答，再问不厌，用词得当，简洁明了。对饭店设施、各部门服务时间、具体位置等情况应详细回答清楚。不能说“也许”“大概”之类没有把握或含糊不清的话。对不清楚的事，不要不懂装懂，也不能简单地说“我不知道”，而应为宾客提供“无NO服务”。对一些宾客提出的要求无法满足时，应向宾客深表歉意，请求其谅解与合作
回答来电	接受来电查询，应热情帮助解决，件件要有结果、有回音。如不能马上回答。对来电宾客应讲明等候时间，以免对方久等而引起误会
礼貌对客	在任何情况下都不得讥笑、讽刺宾客，不得与宾客争辩，决不允许言语粗俗、举止鲁莽。在宾客因误解、不满而投诉时，要以诚恳的态度耐心听取宾客的意见，不要中途打断，更不能回避，置之不理

2．接待住宿服务

（1）热情问候每一位宾客，点头致意，面带微笑地说：“您好，请问有预订吗？”或者“您好！小姐（先生），需要住房吗？”

（2）因较多宾客抵达而工作繁忙时，要按先后顺序依次办理住宿手续，做到“接一答二照顾三”。

饭店总台服务

（3）当宾客问有什么样的房间或房价时，应将饭店房间的种类及设置档次向宾客介绍清楚，然后推销房间。

（4）听清宾客的要求后，尽量按宾客的需要为其安排房间。同时，当知道宾客姓氏后，要尽早称呼，以示对宾客的重视与尊重。

（5）如遇客房已满应耐心向未能住到房间的宾客致歉，同时热情地向其推荐其他饭店，并感谢宾客的光临，希望下次再见到这次未能入住的宾客。

（6）住房通知单、迎宾卡填好后，连同钥匙牌（房卡）双手递交宾客，并轻声告诉宾客："您的房间是 ×× 楼 ×× 号，祝您在饭店过得愉快"。

3．离店结账服务

（1）宾客来结账时，应首先双手收回钥匙牌，并迅速通知楼层服务员，要热情、周到、迅速、准确地为宾客办理退房事宜。收款数日要当面结清，不能有丝毫含糊，避免宾客有被多收费的猜疑。

（2）结账完毕，应向宾客道谢告别，给宾客留下彬彬有礼的深刻印象，以使宾客产生亲切感，吸引宾客再次光临。

案例学习

五一期间，杭州几乎所有酒店的客房都已爆满。5 月 1 日下午，前厅接待员小周接到该酒店某协议单位老总王先生的订房电话，因为王先生是常客，小周格外小心，把当时唯一的标准间留给他，并约定抵店是当晚 23:00。在这期间，有过许多客人来酒店找房，小周都婉言拒绝了。但直到 23:40，王总还未抵店。小周心想：也许王总不会来了，如果再不卖掉，24:00 以后就很难卖了。为了酒店的利益，小周将房间给了一位正在焦急等房的客人。24:00，王总出现在总服务台，并说因为车子抛锚且手机又没电，没有办法联系。一听说房间已经卖掉，他顿时发火，立即要求酒店赔偿损失，并声称要取消协议，以后不再安排到这儿住。

小周左右为难，该怎么办呢？这件事情的责任在谁身上？最后怎么处理比较妥当？

三、商务中心服务

商务中心是为宾客特别是为商务宾客提供移动办公、信息交换、网络娱乐等服务的场所。其服务礼仪规范为：

1．注意个人仪表

商务中心服务人员在工作岗位上，要仪表整洁，仪容端庄，仪态大方，在宾客面前一定要注意自己的坐姿、走姿，以饱满的热情来接待每一位宾客。

2．工作热情主动

要热情地接待每一位来宾，微笑问候，敬语当先，尊重宾客意愿，尤其对一些有特殊要求的宾客不得有不耐烦的表示。在同时接待数位宾客时，应按先后顺序一一受理，忙而不乱，热情友好地向各位宾客打招呼或致歉，使宾客感受到亲切、方便、信赖。

3．办事认真，讲究效率

按照宾客要求，认真负责地提供电传、传真、打字、复印、翻译、快递等项业务。服务要高效、准确，做到急件快速，立等可取；同时，严守职业道德，对宾客高度负责，代客保密，不外泄文本内容。

四、电话总机服务

电话总机是饭店内外信息沟通联络的枢纽和形象窗口。电话接待是在通话双方不露面、看不见表情、看不见手势的情况下进行的，总机话务员是饭店里“看不见的服务员”。许多宾客正是通过总机的声音和通话方式产生对饭店的第一印象。

1．接听电话，迅速及时

饭店总机话务员接听来电，务必在铃响三声以内接听，以充分体现饭店的工作效率。

2．用语文明，说话礼貌

话务员接到打进的电话时，应先主动报出自己饭店的全称，然后倾听来电内容，再分别处理。例如“早上好！ ××饭店”。切忌开口就说：“喂”“讲呀”。

3．接转电话，准确无误

话务员接转电话时要做到精力集中、准确无误。接转中不得监听通话内容。宾客托挂的长途电话，在其通话后，应准确记录下通话的房间号、姓名和通话时间，记账留存，做到不漏不错。

4．代客留言，主动及时

如果来电找已住宿的宾客通话，而此人此时又不在饭店内，无论是市话还是长途，话务员都可主动请来电一方留下姓名、地址和回电号码，以便给予转告；待宾客归来，话务员要及时转告，以方便其回电。如果来电一方要求直接留言，话务员应详细做好记录，并与对方复述核对后挂断电话，再及时转告给住店宾客。

5．叫醒服务，认真负责

在接受宾客叫醒服务请求后，话务员要立即做好记录，准确核对房间号码和叫醒的确切时间，并登记在《宾客唤醒时间表》上，便于交接班时值班同事不致误事。

案例学习

毛先生是杭州某四星级饭店的商务宾客，他每次到杭州，肯定入住这家饭店，并且每次都会提出一些意见和建议。可以说，毛先生是一位既忠实友好又苛刻挑剔的宾客。一天早晨8:00，再次入住的毛先生打电话到总机，询问同公司的王总住在几号房。总机李小姐接到电话后，请毛先生“稍等”，然后在计算机上进行查询。查到王总住在901房间，而且并未要求电话免打扰服务，便对毛先生说“我帮您转过去”，说完就把电话转到了901房间。此时901房间的王先生因昨晚旅途劳累还在休息，接到电话就抱怨下属毛先生不该这样早吵醒他，并为此很生气。

思考：总机李小姐的做法是否妥当？如果你是这位接线员，你应该如何处理这件事呢？这件事情对我们做好服务工作有什么启示呢？

模拟演练

如果你是饭店电话总机的话务人员，当你接到一个外线电话要找318房间的客人，而此时客人外出不在房间，你应该如何有礼貌地为客人服务？如果客人在房间，你又该如何有礼貌地为客人服务？

第二节　客房服务礼仪

客房是饭店的重要组成部分，客房收入是饭店经济收入的主要来源之一。客房服务主要是围绕宾客住宿活动展开的，以宾客来、住、离等活动规律为主线，以满足宾客要求，提高服务质量，使宾客满意而归为目的。来、住、离的服务礼仪贯穿客房服务的始终，为宾客提供礼貌服务的过程同时也是客房实现优质服务的过程。

一、宾客来店服务

1．宾客来前准备服务礼仪

（1）提前进入工作状态

客房服务人员应讲究仪容仪表的修饰，按照规定着装，佩戴好工作号牌，整洁自然，端庄大方。

（2）掌握客情

宾客到达前，要根据前厅送来的住宿通知单了解宾客的姓名、房号、生活习惯、禁忌、爱好、宗教信仰等情况，以便在接待服务中有针对性地提供服务。

（3）整理房间

宾客预订的房间，要在宾客到达前 1 小时整理好，保持清洁、整齐、卫生、安全。设备要齐全完好，生活用品要充足，符合客房等级规格和定额标准。

宾客到达前 1 小时整理好房间，并检查房间设备、用品是否准备妥当

（4）检查房间设备、用品

房间整理完毕，要全面检查房间的设备和用品，特别是对 VIP 宾客的房间要逐项检查。

（5）调好客房温度

宾客到达前要根据气候和不同地区的实际需要，调节好房间的温度，保持空气新鲜。温度一般应保持在 22 ~ 24℃。

（6）准备好香巾和茶水

宾客入住前，服务人员要根据总台的通知，提前准备好香巾、茶水，以便宾客入住后及时服务。

2．宾客到达楼面迎接服务礼仪

宾客来到楼面时的迎接工作是客房服务的开始，迎接服务礼仪具体见表 6—4。它以宾客到达楼层为标志，以主动、热情地欢迎宾客为重点，迎接时做到态度热情、语言亲切、举止大方、礼貌周到、服务主动，给宾客以宾至如归的感觉。

表 6—4　　宾客到达楼面后的迎接服务礼仪

序号	步骤	内　容
1	迎候宾客	宾客走出电梯，楼层服务员在电梯口迎接，主动向宾客问好。打招呼之后要引导宾客下电梯，主动接下宾客的行李。对宾客随身携带的手提包或小件物品，在征得宾客同意后再帮助宾客提取。贵重行李要做到轻拿轻放，不倒置
2	引领入房	引导宾客进入客房，到达房间门口时先开门，礼让宾客先进房。服务人员进入房间后应放好宾客的行李及物品
3	端茶倒水	宾客坐下后，服务人员根据宾客人数和要求，送来香巾和茶水，做到人到、茶到、香巾到，让宾客产生亲切感（有些饭店没有此项服务）
4	介绍设施	简单介绍客房的主要设备，饭店服务项目、服务时间，包括空调开关，闭路电视节目时间，传呼服务员的电钮和使用方法，各餐厅主要经营风味、楼层和开餐时间等
5	介绍须知	介绍宾客住店须知和酒店情况。介绍时要简洁明了，时间不能拖得太长，宾客须知可以让宾客自己看。如果接待团体大批宾客，应集中人力具体分工，分别迎接宾客
6	退出房间	服务项目和宾客须知介绍完毕后，服务人员应询问宾客："还有什么我能为您服务的吗？"然后告别，祝宾客住宿愉快，轻手将门关上

案例学习

服务员小马是位新员工，第一天上班被分配在饭店 6 楼做值台。由于她刚经过 3 个月的岗前培训，对做好客房服务充满了信心。这时有两位港客入住，小马立刻迎上前去，微笑着说："先生，欢迎入住本饭店，请跟我来"。小马领他们走进房间后，为他们沏了两杯茶放在茶几上，说道："先生，请用茶"。接着，她开始介绍客房设施、设备。这时，其中一位客人打断她的话，说："知道了"。但小马仍然继续说："这是电冰箱，桌上文件夹内有入住须知和电话指南……"未等她说完，另一位客人掏出一张面值10元的港币不耐烦地递给她。这时，小马愣住了，一片好意被拒绝甚至误解，使她感到既沮丧又委屈，她涨红着脸对客人说："对不起，先生，我们不收小费，谢谢您！如果没有别的事，那我就先告退了"。

思考：小马的服务程序有错吗？为什么她的服务会不受客人欢迎？如果你是客房服务员，你应该如何处理这种情况呢？

模拟演练

模拟饭店客房楼层服务员有礼貌地接待两位新入住的客人。如果两位客人是饭店的常客，你又该如何礼貌服务？

二、宾客住宿服务

1. 宾客入住后的针对性服务礼仪

宾客入住后的针对性服务礼仪见表6—5。

表6—5　宾客入住后的针对性服务礼仪

序号	步骤	内　容
1	熟悉宾客身份情况	一位优秀的服务人员首先必须熟悉自己的服务对象。熟悉的内容包括：宾客的国籍与职业，宾客的外貌特征、与众不同的习惯或动作等。服务人员应尽可能在第二次见到自己的服务对象时，能正确地道出宾客的姓氏和职业
2	观察宾客嗜好与忌讳	服务人员通过观察宾客的嗜好与忌讳可以更好地掌握宾客的需求，做到主动热情、服务周到。如因宗教信仰和生活习惯不同，有的宾客喜欢用冰块；有的宾客爱喝红茶或绿茶；有些外国宾客只喝咖啡；欧美人忌讳"13"这个数字，忌讳"星期五"这一天；泰国人忌讳睡觉时头朝西等。这些服务人员都应该有所了解，在服务的过程中通过观察，提前做好准备，有针对性地提供服务
3	注意宾客身体变化	宾客住店期间，人地生疏，有时水土不服，加上每天外出游览参观或经商谈判等，十分辛苦。因此，服务人员要注意宾客的身体变化，对年老体弱的宾客尤其要加倍关心，对身体有病的宾客要热情照顾。这样，不仅可以有针对性地提供优质服务，而且可以获得宾客的长期好感，使宾客感觉到自己受到了尊重
4	掌握宾客特殊要求	住店宾客的习惯各不相同，有的早出晚归，有的晚出晚归。他们除了需要日常生活服务外，还有一些特殊要求，如宾客生日、朋友聚会、结婚纪念日、宾客节假日聚会……因此，客房服务人员要了解这些特殊需求。同时，服务人员应注意适时、恰当地推销饭店的其他设施。例如，宾客利用客房开小型洽谈会，服务人员可以推荐宾客到饭店的会议室，宾客的生日聚会可以到大堂吧进行等

2. 宾客入住后的循环性服务礼仪

宾客住店期间的工作是琐碎的、细致的，具有涉及面广、持续时间长的特点，大量服务工作是循环往复进行的，客房服务人员每天都要坚持重复做好下列工作：

（1）循环打扫房间，撤换棉织品，补充宾客生活用品，打扫卫生间，撤换浴巾、面巾、垫脚巾，补充香皂、卫生纸和洗漱用品等。

（2）到客房收集宾客要洗的衣服，检查收集洗衣袋、点清数目、填好账单，并将洗好的衣服送回客房，请宾客查收。

（3）下午整理房间和卫生间，要更换热水瓶、宾客用过的茶具、水杯，倒烟缸、纸箱等，保持客房清洁、整齐、舒适。

（4）按计划打扫楼层环境卫生和客房、卫生间，保持高处门窗玻璃、灯管、墙角等隐蔽处的卫生。

（5）分发报纸、信件和邮件，清理各种单据，及时将账单送到收款处，补充楼层服务台用品和商品，满足宾客要求。

（6）注意住房动态，根据宾客需求或特殊需要，提供迎接服务和随机服务。宾客进、出时，服务人员要保管好钥匙。

（7）晚间整理好房间，按照我国大部分地区的情况，冬季晚6:00以后，夏季晚7:00后到客房整理，更换冷热水，撤换茶具、水杯，补充茶叶，倒掉烟缸，清洁纸篓，拉好窗帘，调节好温度和空气，打开床头灯，摆放拖鞋，掀开被角成45°，为宾客休息提供方便。

3. 宾客入住后的日常性服务礼仪

宾客入住以后，服务人员除了为宾客提供循环性服务外，还要为宾客提供日常性服务，主要包括以下内容：

（1）服务人员早上第一次进房，要做好各项准备工作，包括客房当天撤换的棉织品，各种生活用品，清扫工具，暖水瓶及宾客早起所需的物品等，但不要进出次数太多而引起宾客反感。

（2）日常服务过程中要坚持“不叫不扰，随叫随到，仔细稳妥，热情周到”的原则。清扫房间时，尽可能在宾客外出吃饭或办事时进行，对久留在客房或不外出的宾客，在征得宾客同意后清扫。

（3）每次进房应先敲门，征得宾客同意后再进入。在客房内不许打私人电话，不得动用、翻阅宾客的物品。服务人员不能主观臆断将宾客的物品处理掉。

（4）宾客发电传或邮寄物件，服务人员应主动告诉宾客地点、服务时间。如果有宾客的信件、邮件、电报等，应及时进入房间，当面交给宾客，并做好签收工作。宾客委托代订、代购和代修事项要问清记准，详细登记，重复并确认，然后及时送给有关部门并按时送还宾客。

（5）宾客自购的花草或装饰物品，服务人员不要动用或搬动；宾客外出时，不要随意浇水，防止坏死，引起宾客投诉。

（6）每天整理房间，定时检查和补充客房冰箱内的饮料，凡是宾客用过的饮料，要点清数目填好账单，请宾客签字。特别是对当天离店客人的房间要及时清点，防止跑账、漏账。

（7）日常服务过程中，避免与宾客发生口角。如果遇到个别宾客言行失礼和有过分举动，服务人员应保持冷静，有礼有节，不卑不亢，不可采取简单粗暴的方式，必要时请有关部门处理。

案例学习

一天上午10:10，服务员小冯将工作车推至8103客房门旁，并敲开了门："先生，请问现在可以整理房间吗？"小冯询问前来开门的郭先生。郭先生说："我现在来了客人，待会儿再打扫吧"。"好的"。小冯推着工作车到其他房间去了。到11:40左右，8103房的郭先生陪同他的客人离开客房，并对在8103房对面房间搞卫生的小冯说："服务员，帮我打扫一下房间"。小冯正处在最忙的时候，顺口回答道："没有时间"。对此郭先生很不满意，他当即向大堂副理投诉。小冯因此受到了大堂副理的批评，并被扣发当月奖金。

思考：小冯错在哪里？如果你是服务人员，该如何处理？

三、宾客离店服务

宾客离店时服务的礼貌礼仪，是客房礼貌服务的结尾和延伸。宾客离店时的服务工作，既是宾客对客房服务的最后印象，又是酒店争取回头客的重要时刻。

1. 服务人员进入客房后要向宾客表示问候，征求宾客意见，询问有无事情需要帮助。有行李的宾客，特别是团体宾客要通知行李员帮助宾客提送行李。

2. 宾客离房要向宾客告别，祝宾客"一路平安，欢迎下次光临"。一般将宾客送到电梯口，重要宾客或老弱病残者送到前厅，给予特别照顾。服务人员应主动征求意见，以便不断改进服务工作。若发现宾客有不满意的地方或有未尽事宜，要在宾客离店之前设法补救。

3. 宾客离店后要迅速检查房间，看宾客有无遗留或遗忘的物品，房间设备有无损坏、客房用品有无丢失。如果发现宾客有遗留或遗忘的物品应尽可能归还原主，若宾客已走，则按房号、时间、遗物名称等登记，及时报告。如果发现客房物品缺少或设施有损坏，要打电话与总台联系，一般不直接与宾客交涉，不可伤害宾客的感情和自尊心。

案例学习

一天上午9:00左右，住在1056房的陈先生打电话到总台通知退房，并希望总台派一名行李员上来为他搬行李。总台领班小孙立即通知行李房，并准备好客人的账单及其他退房手续。15分钟后，陈先生带着他的随身行李来到了总台结账处。小孙立即通知客房中心查房，同时熟练地打出账单给客人过目。陈先生接过账单，非常满意。正准备付钱时，收银处电话响起。小孙提起电话，原来客房中心在查房时发现印有本饭店品牌的一件浴袍不见了。小孙已做了多年的收银员，她凭经验知道这样的事多半是客人因为喜欢拿走了。有的客人存心不想付钱，有的则是认为他本来就可以拥有，因此不能盲目下结论，更不能马上要求客人赔偿。另外，这件浴袍价格不菲，值400元左右，又不能像处理其他小物件那样……这时，客人有点等急了，“快点，我还要去赶飞机呢！”

思考：下一步小孙该怎样做才能既不伤客人的自尊心，又不使饭店受到损失呢?

第三节　餐饮服务礼仪

餐厅是酒店宾客用餐的主要场所，是酒店的重要服务部门。餐厅不仅是宾客就餐的固定场所，也是宾客寻求人际交往的重要场所之一。这就要求餐厅服务人员，必须全面懂得和遵守服务中的各种礼貌礼仪，在服务中做到热情、亲切、周到、细致而又富有人情味，以实际行动提供给宾客多种享受。

一、迎宾服务

1. 一般用餐，在宾客到来之前，要有一两名服务员在门口迎接；较高级别的宴会，餐厅负责人应带领一定数量的服务员在宾客到来之前站在餐厅门口迎接。站姿要优美、规范，精神饱满。

2. 当宾客走向餐厅约1.5米处时，服务员应面带笑容，拉门迎宾，热情问候：“您好，欢迎光临！”或“小姐（先生），晚上好，请问后面还有人吗？（以便迎候指引）”或“您好，请问您预订过吗”？同时将靠门一边的手平伸出厅门，请宾客进入餐厅。

3. 如果是男女宾客一起进来，要先问候女宾，然后再问候男宾。见到年老体弱的宾客，要主动上前搀扶，悉心照料。

4. 如遇雨天，要主动收放宾客的雨具。如宾客戴着帽子或穿有外套，应在他们抵达门口处，协助拿衣帽，并予以妥善保管。对女士应说："我们可以帮您拿外套吗？"对男士应说："我们可以替您拿帽子和大衣吗？"

5. 对已预订的宾客，要迅速查阅预订单或预订记录，并引领宾客至其所订的餐位。如果宾客没有预订，应根据客人到达的人数、宾客喜好、年龄及身份等选择座位。如果宾客要求到一个指定的位置，应尽量满足要求，如被占用，领台员应作解释、致歉，然后再带他们到其满意的位置去。靠近厨房出入口的位置往往不受人欢迎，对那些被安排在这张餐桌就餐的宾客要多说几句抱歉的话。

6. 在选定餐桌，引领宾客入座时，领台员应说："请这边来"。如果桌子需要另加餐具、椅子时，尽可能在宾客入席之前布置妥善，不必要的餐具及多余的椅子应及时撤走。为儿童准备的椅子、餐巾、餐具等也应在宾客入席之前完成。

7. 宾客走近餐桌时，领台员应以轻捷的动作，用双手拉开座椅，招呼宾客就座。顺序上应先主宾后主人，先女宾后男宾。在大的团体就餐时，则应先为年长的女士服务，然后再为其他女士入座服务。可能的话，把女士的座位安置在面对餐厅的内侧而避免面对墙壁。招呼宾客就座时动作要和宾客配合默契，待宾客屈腿入座的同时，轻轻推上座椅，推椅动作要适度，使宾客坐好、坐稳。

8. 宾客入座后，送上毛巾和茶水，先送毛巾后端茶。毛巾、茶都要用托盘端送，递送时要从主宾开始，从右向左依次进行。递送毛巾时要招呼宾客："先生（小姐），请！"送茶时切忌手指接触杯口，动作要轻缓。

餐厅迎宾

二、餐前服务

1. 宾客坐稳后，值台员把菜单递给宾客，菜单要从宾客的左边递上。对于夫妇，应先递给女士；如果是团体，先递给主宾。递送的菜单要干净、无污迹。宾客点菜时，值台员应站在宾客的一侧，身体不能紧靠餐桌，手不能按在餐桌上，应上身略微前倾，精神集中地聆听，态度要谦恭，切不可随意把菜单往宾客手中一塞或往桌上一扔就一走了之，这是极不礼貌的行为。

2. 不要催促宾客点菜，要耐心等候，让宾客有充足的时间考虑决定。值台员应对菜单上宾客有可能问及的问题有所准备，对每一道菜的特点要能予以准确的答复和描述。推荐本餐厅的特色菜、时令菜、创新菜时要讲究说话方式和语气，察言观色，充分考虑宾客的心理反应，不要勉强或硬性推荐，以免引起宾客反感。

3. 当主人表示宾客各自点菜时，服务员应先从坐在主人右侧的主宾开始记录，并站在宾客的左侧按逆时针方向依次接受宾客点菜。

4. 如宾客点的菜菜单上没有列出，不可一口回绝，而应尽量满足其要求。可以礼貌地说“请允许我马上和厨师长商量一下，尽量满足您的要求”等。如宾客点出的菜已无货供应，值台员应致歉，求得宾客的谅解，并委婉地建议宾客点其他的菜。

案例学习

一天，餐厅里来了3位衣着讲究的客人，服务员将其引至餐桌刚刚坐定，其中一位客人便开了口：“我要点 ×× 菜，你们一定要将味调得浓些，样子摆得漂亮一些”。同时转身对同伴说：“这道菜很好吃，今天你们一定要尝尝”。菜点完后，服务员拿菜单去了厨房。再次上来时，便礼貌地对客人说：“先生，对不起，今天没有这道菜，给您换一道菜可以吗？”客人一听勃然大怒，“你为什么不事先告诉我？让我们无故等了这么久，早说就去另一家餐厅了”。发了脾气，客人仍觉得在朋友面前丢了面子，于是拂袖而去。

思考：该服务员的回答有错吗？如果你是该服务员，你该如何应对这种情况？

三、餐间服务

1. 取出餐布放在宾客的腿部或压放在骨碟下，如是中餐，对不习惯用筷子的外宾，应及时换上刀、叉等餐具。

2. 斟酒时要严格按照规格和操作程序进行。打开酒瓶盖或饮料瓶盖应当着客人的面进行；斟酒时从宾客右侧进行，注意不可站在同一位置为两位宾客同时斟酒；斟酒时先斟烈性酒，然后斟果酒、啤酒、汽水、矿泉水；斟香槟酒或其他冰镇酒类，要用餐巾包好酒瓶，以免酒水滴落在宾客身上。

3. 斟酒的浅满程度要根据各类酒的风格和要求来决定。中餐常斟满杯以示对宾客的尊重。斟酒的顺序是先斟给主人右边的主宾，再按顺时针方向绕桌斟酒，主人的酒最后斟。斟酒时，瓶口不要碰到杯口，也不要拿得太高，使酒水溅出。当偶尔操作不慎将酒杯碰翻或碰碎时，应向宾客致歉，立即调换，并迅速铺上干净餐巾，将溢出的酒水吸干。宴会中斟酒时，应由宾客选择用哪一种酒，值台员不得自作主张。

4. 掌握好上菜时机和程序，并根据宾客的要求和进餐的快慢灵活掌握。上菜要从宾客的左边上，不要在主人和主宾之间进行，以免影响来宾用餐。摆菜要讲究造型艺术，酒席中的头菜，其看面要对正主位，其他菜的看面要朝向四周。比较高档的菜或有特殊风味的菜，要先摆在主宾位置上，在上下一道菜后顺势撤摆在其他地方。每上一道菜都要报菜名，并简单扼要地介绍其特色，注意说话时切不可唾沫四溅。

5. 分菜时，高级宴会按照先男主宾，后女主宾，再主人和一般来宾的顺序逐次分派。一般酒席宴会按照先女主宾后男主宾进行。分菜要注意将菜肴的优质部分分给主宾或其他宾客，同时要掌握好均匀。添菜时应征求宾客的意见，如宾客谢绝，则不必勉强。主人或宾客祝酒或发表讲话时，应停止上菜，但要及时斟酒，以便干杯。

6. 撤换餐具时，要注意宾客是否吃完（西餐可看刀叉是否已合拢并排），如无把握，应轻声询问，切不可在宾客正在吃时撤餐具，那是很不礼貌的。撤换餐具要轻拿轻放，动作要优雅利索。

7. 如有酒水溅洒在宾客身上，要及时递送毛巾或餐巾协助擦拭，但如果对方是女宾，男值台员不要直接动手帮助。如有找宾客的电话，要走到宾客旁边，轻声告知，不要在远处高声呼喊。宾客的物品，尤其是女宾的物品，如果不慎落在地上，服务员应立即帮忙拾起，双手奉上，不可视而不见。对有醉意的宾客要特别关照。

8. 服务员的眼睛应始终注意到餐厅的每一位宾客，应通过宾客在需要帮助时表现出来的种种迹象（手势、表情、姿势等），上前询问："先生，我可以帮忙吗？"例如，宾客在进餐时起身或张望，表明宾客有事求助或询问，服务员应主动迎上前给予帮助；宾客将烟叼在嘴上，两手在摸口袋时，服务员应主动上前帮忙点火；发现宾客有筷子掉在地上，应及时上前为其换上干净的筷子。

9. 值台时，应坚守岗位，站姿规范，不依墙靠台，不搔头摸耳，不串岗闲聊。整个餐厅的清扫工作，应在所有宾客离去后进行。

餐间服务

案例学习

小李是某三星级酒店餐饮部的服务员。一次，有3位客人在酒店餐厅就餐，他们点了很多菜，其中的一道菜是"海参扒肘子"。当最后一道菜上来时，小李发现餐桌上已经没有足够的空间可以放下新的菜品了，于是她不假思索就把新上的菜放在了客人吃的还剩一个肘子的“海参扒肘子”的餐盘上。其中一个客人发现后，半开玩笑地跟小李说：“小姐，我们这道菜还没有吃完，你怎么就把菜放到上面了？”小李当天的心情正好不好，听到客人说的话，更是不舒服，于是就顶了一句：“到这儿来吃饭，还在乎这么一个肘子吗？又不是没有钱”。本来开玩笑的一句话，经小李这么一说，客人笑意全无。于是，两个人就争吵了起来。客人觉得面子上很过不去，于是向餐厅经理投诉，小李受到经理的批评，向客人道歉。同时，酒店只得又重新做了一盘“海参扒肘子”给客人。

服务员小李错在什么地方？如果是你，你该如何应对这种情况？

四、结账送客服务

1. 把账单正面朝下放在小托盘上，从左边递给宾客。一定要等宾客吃完甜点或宾客要求结账时方可呈递账单，不可在进餐中把账单递给宾客。当宾客付款后，要表示感谢。

2. 宾客起身离座时，应主动上前拉椅方便宾客离开。宾客出餐厅时要提醒其勿遗忘随身物品。值台员帮助宾客取来帽子和大衣，可借此机会了解宾客对饭菜是否满意、服务是否周到等。假如有什么令宾客不满意之处，应向宾客解释并表示歉意。

3. 记住对将离店的宾客说一声“再见，希望您满意”等告别语。

案例学习

一天晚上，3 位客人在一家饭店的中餐厅用餐。他们在此已坐了两个多小时，仍没有去意。服务员心里很着急，到他们身边站了好几次，想催他们赶快结账，但一直没有说出口。最后，她终于忍不住对客人说：“先生，能不能赶快结账，如想继续聊天请到酒吧或咖啡厅”。“什么！你想赶我们走，我们现在还不想结账呢”。一位客人听了她的话非常生气，表示不愿离开。另一位客人看了看表，连忙劝同伴马上结账。客人看过账单，指出有一道菜没点过，但却算进了账单，请服务员去更正。这位服务员忙回答客人，账单肯定没错，菜已经上过了。几位客人却辩解说，没有要这道菜。服务员又仔细回忆了一下，觉得可能是自己错了，忙到收银员那里去改账。当她把改过的账单交给客人时，客人对她讲：“餐费我可以付，但你服务的态度却让我们不能接受。请你马上把餐厅经理叫过来”。这位服务员听了客人的话感到非常委屈，她认为自己在客人点菜和进餐的服务过程中并没有什么过错。

思考：该服务员的做法有不妥吗？她的工作有哪些差错呢？你认为该如何弥补这样的过失？

第四节　康乐服务礼仪

为了使宾客的住店生活更加丰富多彩、舒适愉快，现代饭店中大都建造了康乐中心，设有游泳池、保龄球厅、健身房、桑拿浴房、美容院等服务设施。为宾客提供这些康乐服务项目，均要求提供高标准的礼貌服务。

一、游泳服务

游泳池服务员主要负责游泳池内宾客的接待工作，在服务中应注重以下礼仪：

1. 端庄站立在服务台旁，恭候宾客的到来。

2. 礼貌地递送衣柜钥匙和毛巾，引领宾客到更衣室，并提醒宾客妥善保管好自己的衣物。

3. 加强巡视，时刻注意游泳者的动态，特别是老人和孩子，以免发生事故，这是对宾客最大、最重要的尊重。

4. 热情地为宾客提供塑料软包装饮料（不得使用玻璃瓶装饮料），以确保宾客的安全。

5. 宾客离开时，主动收回衣柜钥匙，并礼貌地提醒宾客衣物不要遗忘。

6. 送客到门口，向宾客表示谢意，欢迎再次光临。

二、保龄球服务

保龄球服务员主要负责保龄球活动的服务工作。在服务中应注重以下礼仪：

1. 宾客到来时，要表示欢迎，并把干净完好、宾客需要的保龄球鞋礼貌地递给宾客。

2. 敬请宾客选择适当重量的保龄球，恭敬地分配好球道，并送上记分单，主动征询是否需要协助记分。对初次来的宾客，要根据他们的性别、年龄、体重等，帮助选择重量适当的保龄球，并详细介绍活动的步骤与方法，提醒宾客注意防止发生扭伤等意外事故。

3. 适时有礼貌地询问宾客需要什么饮料，提供热情周到的服务。

4. 活动结束时，要礼貌地收回保龄球鞋，恭请结账，道谢，礼貌告别。

三、健身服务

健身房服务员主要负责健身房宾客健身锻炼的各项服务工作。在服务中应注重以下礼仪：

1. 笑脸迎客，礼貌问候。

2. 主动热情介绍跑步机、单车、器械等设备的性能和使用方法，以及壁球的打法。

3. 当宾客要健身，并要求指导时，应立即示范，热情讲解。

4. 当宾客进行健身活动时，应思想集中地注意宾客的安全，随时准备健身保护，以防发生意外。

5. 宾客健身完毕，有礼貌地送客，热情告别。

四、桑拿服务

桑拿浴服务员主要负责桑拿蒸汽浴的各项服务工作。在服务中应注重以下礼仪：

1. 宾客来到桑拿浴服务台，要热情问候欢迎。

2. 对新来的宾客要主动介绍蒸桑拿浴的方法与注意事项。

3. 主动征询宾客要求，把温度控制选择盘转到宾客所需要的温度上。

4. 密切关注宾客的动静，每隔几分钟从玻璃窗口望一望，看看宾客浴疗是否适宜，以防发生意外。

5. 做好清洁卫生工作，不时喷洒香水，提供干净浴具，以示尊重。

6. 宾客离开时，要提醒不要遗忘物品，热情道别，欢迎下次再来。

五、歌舞厅服务

歌舞厅服务员主要负责歌舞厅宾客的服务工作。在服务中应注重以下礼仪：

1. 宾客来到舞厅、包房，要热情接待，礼貌问候："小姐（先生），欢迎光临！""晚上好！"躬身 15 度致意，并引领宾客到厅房内适当的位置。

2. 迅速将酒水、食品从右侧送到宾客的桌上，以示礼貌。

3. 细心观察宾客动态，以便提供所需服务，如添加饮料或热情回答宾客提出的询问。

4. 宾客活动结束后，全体服务员到门口欢送，礼貌道别："女士们（先生们），谢谢你们的光临！再见！"或在扩音器里温柔地说："敬请各位再次光临，再见！"

六、美容美发服务

美容美发服务员主要负责为宾客提供美容美发服务。在服务中应注重以下礼仪：

1. 热情迎宾，站在服务台的服务员负责礼貌迎宾，热情问候，并帮助接挂衣帽，将宾客引领到座位上。如已客满，应将宾客引领到休息室，用托盘递上香巾让宾客擦手，再送上当天的报纸或杂志，并向宾客致歉："对不起，请稍等！"

2. 严格按宾客要求，神情专注地进行美容美发服务。操作时要尊重宾客的意愿，切勿强加于人，以免引起宾客的不安与反感。

3. 美容美发完毕，要用镜子从后面、侧面给宾客验照发型，并礼貌地征求意见，或做必要的修饰，直至宾客满意。

4. 收款找零要迅速、准确，并向宾客致谢。

5. 送客时，取递衣帽，热情道谢，礼貌告别，目送宾客离去。

第五节　商品部服务礼仪

饭店商品部一般设于饭店的公共区域，是为住店的宾客提供购物的场所，其商品主要以旅游商品和纪念品为主。饭店商品部与社会商场相比较，在运营和管理方面有着相同的基本规律，但在服务对象上，两者却有很大的差异性。因此，饭店商品部服务人员除要熟悉所售商品外，对服务礼仪有更高的标准和要求。

一、接待要热情

迎接宾客是给宾客的第一印象，服务人员应态度和蔼、微笑迎接、语言亲切、表情诚恳，做到宾客到、微笑现、敬语出。宾客进店时，服务人员要面向宾客，笑脸相迎，礼貌问候，如"您好""欢迎光临"。

二、服务要周到

宾客在选择商品时，服务人员应悉心服务，多拿不厌，百挑不烦。要耐心解答宾客的疑问，为宾客当好参谋。宾客多、业务繁忙时，服务人员要有"接一待二照顾三"的能力。对正在接待的宾客要耐心细致；对其他等候的宾客可轻轻向其点头致意，并说："对不起，请您稍等一会儿好吗？"冷落任何一位宾客都是失礼的行为。

三、推销商品要把握宾客的购物心理，要讲"礼"

把握宾客的购物心理是旅游商品销售的重要一环。只有确实掌握不同国籍、不同层次宾客的购物心理、需求和商品经营规律，才有可能水到渠成。例如，日本人喜欢我国的玛瑙、翡翠、文房四宝、名人字画等；欧洲人，特别是西欧人喜欢我国的丝绸、棉布制品等。推销商品既要以“理”服人，也要以“礼”赢人。

四、举止要文明

商品部服务人员在岗时，站立、走动、拿取物品等行为动作都要文明规范。不可将手插在衣袋里或抱着胳膊，或倒背着手。在接待宾客过程中，动作要干净利落，轻拿轻放商品，不能将商品扔给宾客或摔在柜台上让宾客去取。平时要养成文明礼貌的习惯，切不可随地吐痰或当着宾客面大声说笑、掏耳朵、挖鼻孔、剔牙齿等。

宾客离开柜台时，服务人员应彬彬有礼地向宾客道别，真挚表示：“欢迎您下次再来”“再见”等。

思考与练习

1. 门厅接待人员、前台服务人员、电话服务人员有哪些礼仪要求？
2. 客房服务人员如何做好客人到店、住店、离店三个阶段的礼仪服务工作？
3. 餐厅服务人员如何有礼貌地做好迎宾服务及客人进餐服务工作？
4. 商品部服务人员接待服务有哪些礼仪要求？
5. 康乐部服务人员在接待服务过程中有哪些礼仪要求？

第七章

社会交往礼仪

chapter 7

社会交往礼仪一般是指人们在社会交往活动过程中形成的应共同遵守的行为规范和准则。常见的社会交往礼仪包括迎送、会见、会谈、签字仪式、宴请等。旅游服务人员只有熟悉和掌握社会交往礼仪的基本常识，以丰富的业务知识和规范化程序服务于来宾，才能出色地完成每一次接待任务。

学习目标

- 掌握交往中的迎送礼仪。
- 掌握会见与会谈的礼仪要求。
- 掌握签字仪式的礼仪规范。
- 掌握宴请活动中的礼仪。
- 掌握文艺演出和参观礼仪。

第一节 迎送礼仪

迎来送往是常见的社交礼节。在社会交往中，对来访的客人，通常须视其身份和访问性质，安排相应的迎送活动。

一、迎送规格

1. 确定迎送规格

迎送规格主要依据来访者的身份和访问目的来确定，可适当考虑相互间的关系，同时要注意国际惯例，综合平衡。

迎送规格因客人的身份、国籍、单位而异。最高级别的迎送规格就是迎接外国元首、政府首脑。对应邀前来访问者，无论是官方人士、专业代表团或民间团体、知名人士，在他们抵离时均应安排相应身份的人员前往机场、车站、码头迎送。

2. 主要迎送人员应与来宾身份相当

通常情况下，迎送人员要与来宾的身份相当。如果由于各种原因，迎送人员的身份不能与宾客完全对等，可灵活变通，由职位相当的人士或由副职出面。但迎送人员的身份不应与宾客的身份相差太远。

3. 其他迎送人员不宜过多

为了避免造成厚此薄彼的印象，非特殊需要，一般都按常规办理，不要讲排场摆阔气。

二、接站礼仪

1. 掌握抵离时间

迎送人员必须准确掌握来宾乘坐飞机、火车、船舶的抵离时间，如有变化，应及时通知。送行则应在客人登机、登车、登船之前抵达，提前代办各种手续。在社会交往活动中特别要遵守时间。

2. 接待礼仪

对远道而来的客人应主动到机场、车站、码头迎接。一般要在班机、火车、轮船到达前 15 分钟赶到，这样会让经过长途跋涉到达目的地的客人不会因等待而产生不快。如接不认识的客人，最好举个小牌子，牌子上面写着“×× 先生（小姐）热烈欢迎你”

等字样，既便于找到客人，又给客人留下美好的印象。

3. 服饰要求

在接待来访客人时，要根据客人的身份、特点考虑他们所能接受的关于服装、配饰、颜色等服饰习惯。接待人员的穿着尽量简洁、大方。

4. 陪车礼仪

客人抵达后，可根据宾客的重要性，安排饭店迎送员从机场到饭店陪同乘车。如果乘坐的是轿车，当饭店迎送人员开车时，要遵循“右为上，前为上，左为下，后为下”的原则，应该请客人坐在迎送人员的右侧，此时司机旁的助手席为上席。有司机的时候，要遵循“右为上，后为上，左为下，前为下”的原则。如果有翻译，三排座的轿车，译员坐在主人前面的座上，如果是两排座，译员坐在司机旁边。陪同客人时通常陪同人位于客人的左侧。

上车时，最好请客人从右侧门上车，迎送人员从左侧门上车，避免从客人座前穿过。遇客人先上车，坐到了迎送人员的位置上，则不必请客人挪动位置。

饭店在接待团体客人时，多采用旅行车接送客人。旅行车以司机座后第一排即前排为尊，后排依次为小。其座位的尊卑，依每排右侧往左侧递减。

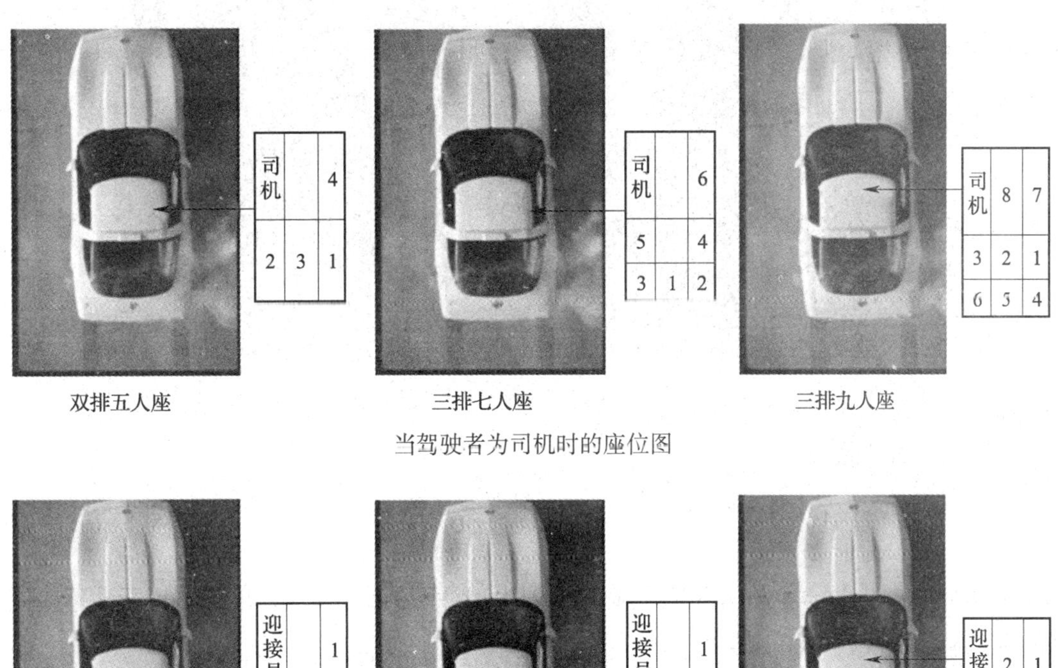

双排五人座　三排七人座　三排九人座

当驾驶者为司机时的座位图

双排五人座　三排七人座　三排九人座

当驾驶者为迎接员（主人）时的座位图

三、饭店迎送礼仪

在饭店的日常接待工作中，经常会遇到迎接客人和送别客人的情况。迎送工作做得如何，直接关系到饭店在客人心目中的形象和声誉。

1. 到店时的接待礼仪

（1）房间布置

房间内可播放高雅的音乐，使客人旅途的疲惫顿消。准备好客人有意向阅读的最新报纸和杂志，创造一种宾至如归的氛围，客人有一种被尊重、优待的感觉，同时让客人感到饭店的热情。

饭店员工列队欢迎重要客人

（2）欢迎问候

接待服务员要笑脸相迎，按照先主宾后随员、先女宾后男宾的顺序欢迎问候。

（3）发放房卡

及时将房卡交给客人，为客人打开电梯门，用手势请客人进入电梯，对行动不方便的客人主动携扶入电梯。

（4）列队欢迎

重要客人或团队到达时，要组织服务员到门口列队欢迎，服装要求整齐，精神要饱满，客人到达时，要鼓掌，必要时总经理和有关领导要出面迎接。在外宾没有全部进店或车辆未全部开走前不得解散队伍。

（5）安排休息

客人抵达所住饭店后，应稍作休息，不要马上安排活动。如果是团队客人，一般按照事先的安排给客人提供服务，如果客人有特殊需要，饭店服务人员应该在请示领导的前提下，尽量满足客人的需要，切不可过于生硬地拒绝客人的要求。

案例学习

在一个晴朗的日子里，迎宾员小张正当班，一辆白色高级轿车向饭店驶来，司机熟练而准确地将车停在饭店豪华大转门前的雨棚下。小张看清车内后座端坐着两位身材魁梧、体格健壮的男士，前排副驾位上坐着一位身材高挑且眉清目秀的女士。他一步上前，以优雅的姿态和职业性动作，为客人打开后门，做好护顶姿势，并注目客人，致以简短欢迎词以示问候，动作麻利规范，一气呵成，无可挑剔。关好后门，小张又迅速走到前门，准备以同样的礼仪迎接那位女士下车，但那位女士满脸不快，使小张茫然不知所措。

思考：通常后排座为上座，凡一般有身份者皆坐此座。优先为重要客人提供服务是饭店服务程序的常规。这位女士为什么不悦？小张错在哪里？如何正确地提供拉车门服务？

深入思考

假如你是一名饭店代表，准备去机场迎接一个12人团体下榻饭店，当这批客人上旅行车时，你如何根据客人的具体情况安排座位（请用示意图来表示）。

案例学习

一个旅行团傍晚抵达武汉一家饭店，在领队为团员分配房间时，一位客人提出要单独住套房，以便接待自己当地的朋友。当领队和这位客人到总台办理手续时，总台服务人员还没弄清楚情况就说："旅行团的客人不能住套房"。那位客人非常生气，总台服务人员如何解释，客人都不满意，直到大堂经理赶来道歉，做了弥补工作，客人才消了气。

思考：为什么总台服务人员的回答引起了客人的不满？团队客人事先都有计划安排，当有客人提出特殊要求时，服务人员应该怎么办？在此案例中，服务人员该如何解决客人提出的要求？

2．饭店送别礼仪

宾客离店时，要根据迎接时的规格安排送别。一般来说，送别规格应与接待规格大体相当，只是主人陪同客人的位置与迎宾时有所不同。迎宾时主人在前，客人在后；送客时客人在前，主人在后。

饭店服务人员在送别宾客时，应注意下列事项：

（1）准备好账单，切不可在客人离开后，再赶上前去要求客人补“漏账”。

（2）服务人员要做好行李服务，将客人的行李或稍重的物品送到门口，如果宾客要求，还可以帮助送到车上。

（3）服务人员要为宾客安排好车辆，并为宾客拉开车门，按先主宾后随员、先女宾后男宾的顺序或主随客便自行上车。

（4）送走客人时应向客人道别，祝福旅途愉快，目送客人离去，方可回归，以示尊重。

（5）对于重要的客人，还应该随车送到机场、码头。

（6）在送宾客离开时，应该准确掌握客人的离开时间，在客人登机、登船、登车之前抵达，提前代办各种手续。在国际活动中特别要遵守时间。

（7）对于重要的客人，应安排送别仪式。

知识链接

国宾车队

国宾座车一般是三排座位的豪华车型。国宾座位是车内最后一排的右边，左边是我方陪同团团长座位。陪同团团长座位前一加座是翻译座位。司机右边是我方警卫座位，这辆车称主车。主车前后各有一辆警卫车，分别称前卫车、后卫车，内乘中、外双方警卫和医护人员。后卫车后面，往往还安排一辆同主车车型、设备完全一样的备用车，如主车万一发生故障，马上代替主车启用。备用车是主宾夫人车，夫人由陪同团团长夫人陪同。前卫车前是礼宾车，内乘双方礼宾负责人。礼宾车前是前导车，车上配有警笛、扩音器、闪光设备，以便肃清道路。国宾行车路线一般提前 15 分钟交通管制，待国宾车队通过后开放。国宾夫人身后，按礼宾顺序，安排身份最高的随行人员。部长级以上官员，一般一人一车，副部长二人一车，司局级及以下人员安排乘小面包车。国宾车队中我方礼宾、安全人员配有必要的通信联络手段，如手机、对讲机等，以便同有关方面保持密切联系。国宾车队还配有 9 辆摩托车护卫，其中一辆行驶在前卫车前，前卫车至后卫车两侧，各 4 辆，另有 2 辆备用摩托车也列入编队之中。所以，人们常常见到的是 11 辆摩托车。摩托车护卫在我国是于 1981 年恢复的。我国政府从 2004 年 1 月 1 日起又取消了为国宾车队安排礼仪性摩托车护卫。

第二节　会见与会谈礼仪

在社会交往中，会见与会谈是一种十分重要的交往方式，适用范围广泛，可在不同的层次和各个不同方面的人员中进行。

一、会见礼仪

1. 会见种类与安排

从会见的形式上划分，会见可分为接见和拜会。凡身份高的人士会见身份低的人士，或是主人会见客人，称为接见。凡身份低的人士去会见身份高的人士，或是客人会见主人，称为拜会。

从会见的内容上划分，会见又可分为礼节性会见、政治性会见、事务性会见等。

会见通常安排在会客室、会客厅或办公室。各国的会见礼仪程序不尽相同，我国习惯在会客厅会见，来宾坐在主人的右边一侧，主宾席紧靠主人席，译员、记录员安排坐在主人和主宾的后面。主方陪见人在主人左边一侧按身份高低依次就座。如果座位不够，可在后排加座。

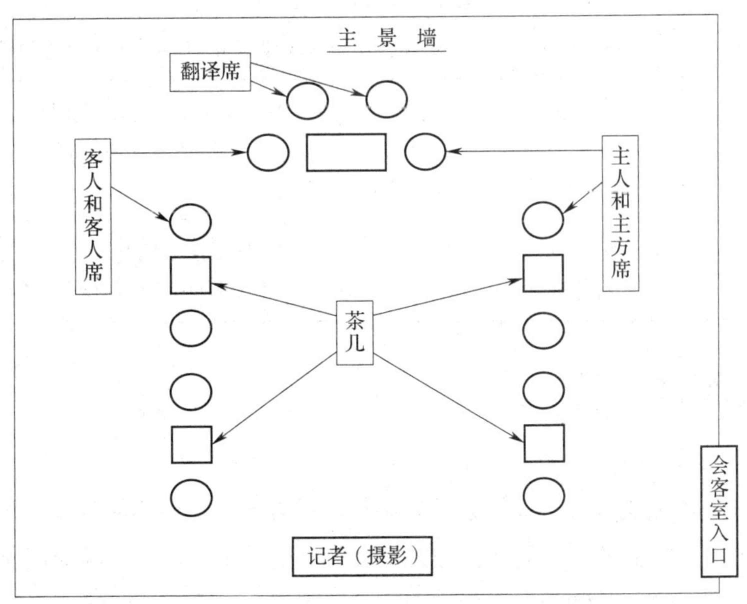

会见座位安排 1

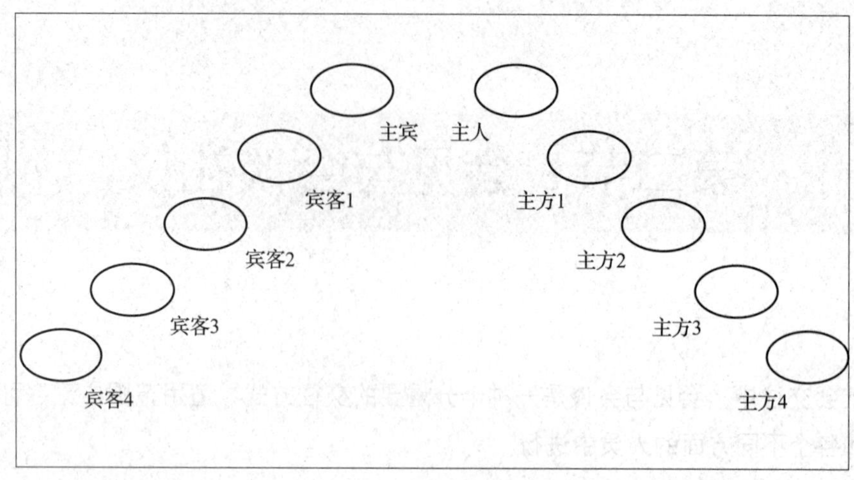

会见座位安排 2

2. 会见的服务规程

会见的服务规程见表 7—1。

表 7—1　　会见的服务规程

规程	说　明
当宾客到达时	服务人员要利用主人到门口迎接的间隙，迅速整理好茶几上的物品和沙发上的花垫。然后，用茶杯上茶，杯把一律朝客人的右手一侧
宾主入座后	一般由两名服务员从主要的客人和主人处开始递毛巾。递毛巾时要热情地道一声“请”。如果是一名服务员递毛巾，要先从客人处开始，然后再递给主人。如果有两名服务员，则递给客人的服务员动作要先于另一名服务员。客人用完毛巾，要及时收回，以保持台面整洁。如果会见中招待冷饮，上完毛巾后，接着上冷饮，其礼宾程序与上毛巾相同。上冷饮时，托盘中的冷饮品种要齐全，摆放要整齐，请宾客自选
会见期间	会见期间的续水一般每 30 分钟左右一次。续水用小暖瓶，并带块小毛巾。续水的礼宾程序与上毛巾相同。会见厅内的光线和温度应根据实际情况和主要宾客的要求而定。一般以夏季 24 ～ 25℃，冬季 20 ～ 22℃为宜
会见结束后	服务人员要及时把厅室门打开，并对活动现场进行检查。在主人送走客人返回时，应及时给主要领导送上一块热毛巾，并送主要领导和年老及行动不便的领导上车

二、会谈礼仪

1. 会谈种类与安排

会谈一般是指洽谈公务，或是就具体业务进行谈判。会谈的内容较为正式，政治性或专业性较强。双边会谈通常用长方形、椭圆形或圆形桌子。宾主相对而坐，以正门为准，主人坐背门一侧，来宾面向正门，双方主谈人居中。会谈时，若需安排翻译，有些国家是安排翻译坐在后面，而我国习惯将翻译安排在主谈人右侧。其他人按礼宾顺序左右排列，记录员通常安排在后面，如果是小范围的会谈，参加人数较少，也可安排在前面就座。

如果会谈长桌一端朝向正门，则以入门方向为准，右边为客方，左边为主方。多边会谈，座位可摆成圆形、方形等。

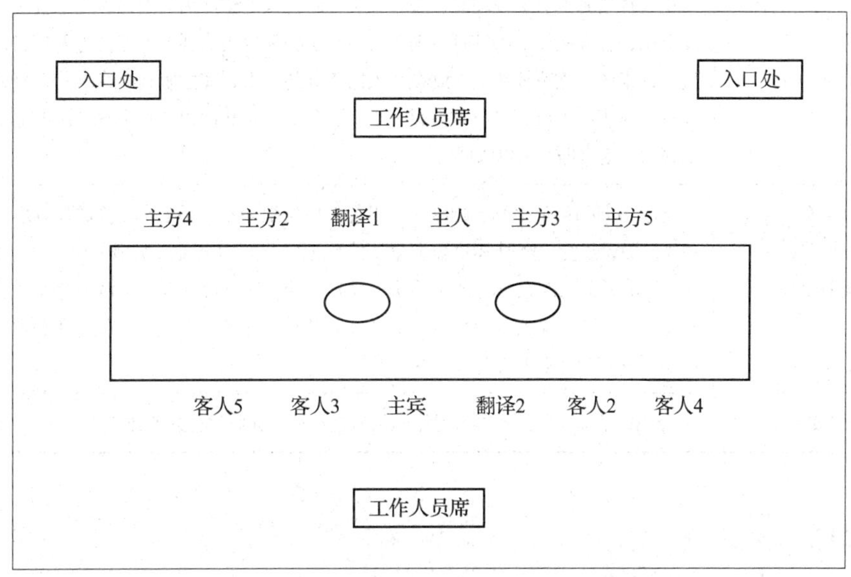

会谈场地布置图一

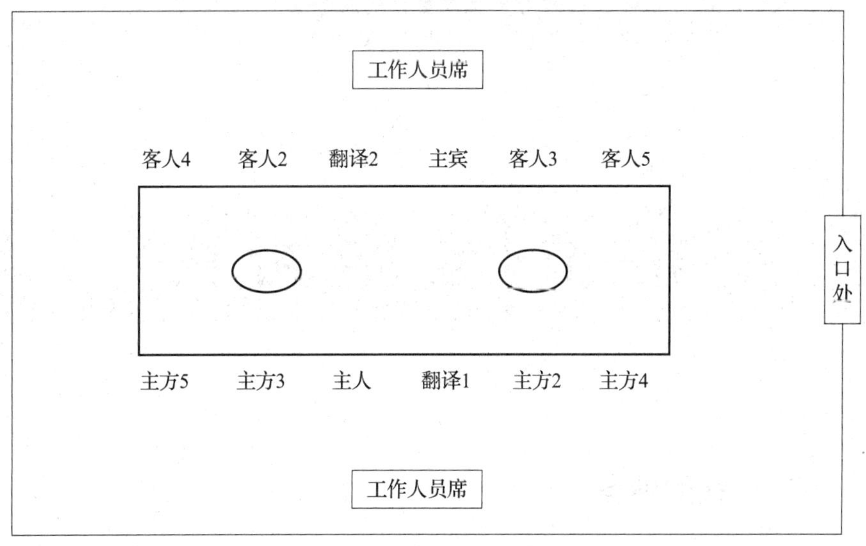

会谈场地布置图二

2. 会谈的服务规程

会谈的服务规程见表7—2。

表 7—2　　会谈的服务规程

规程	说　明
配置会谈用品	在每个座位前桌面的正中摆放一本供记事的便笺，便笺的下端距桌面的边沿约 5 厘米。紧靠便笺的右侧摆红、黑铅笔各一支，便笺的右上角摆一个茶杯垫盘，盘内垫小方巾。主要客人处每人放一个烟缸和烟盘，其他每两人放一套（摆在两个座位之间处）
会谈前准备	主人提前到达会谈现场时，服务人员要将主人迎至厅内周围的沙发上就座，用小茶杯上茶；客人从住地出发时，服务人员在工作间内用茶杯沏上茶；主人到门口迎接客人时，服务员把茶杯端上，放在每人的茶杯垫盘上；宾主来到会谈桌前，服务员要上前拉椅让座；当记者采访和摄影完毕，服务员分别从两边为宾主双方递上毛巾；宾主用完后，应立即将毛巾收回
会谈中服务	会谈中间如果上牛奶、咖啡、干果等，应先把牙签、小毛巾（叠成长方形，每盘两块）、奶罐垫盘、咖啡杯垫盘上桌。然后把已装好的糖罐、奶罐（加勺）、咖啡（加勺）、干果盘依次上桌。会谈活动一般时间较长，可视宾客的具体情况及时续水、换铅笔等。如会谈中间休息，服务员要及时整理好座椅、桌面用品等。在整理时，注意不要弄乱和翻阅桌上的文件、本册等
会谈结束服务	会谈结束时，要照顾客人退席。然后按善后工作程序做好收尾工作

模拟演练

将学生分成若干小组，一部分学生扮演参加会见或会谈的主方和客方，一部分学生扮演服务人员，练习如何正确做好会见或会谈的服务工作。

第三节　签 字 礼 仪

一、签字仪式的种类

签字仪式既是一种非常常见和实用的仪式，又是谈判双方签署最终协议文本的一种仪式。

1. 缔结条约或公约的签字仪式。国家间通过谈判，就政治、军事、经济、科技等某一领域相互达成协议，缔结条约或公约，一般举行签字仪式。

2. 发表联合公报的签字仪式。当一国领导人访问他国，经双方商定达成共识，发表联合公报时，也有举行签字仪式的。

3. 合作协议、备忘录与合同书的签字仪式。各地区、各单位在涉外交往中，如果通过会谈、谈判，最终达成有关合作项目的协议、备忘录、合同书等，通常也举行签字仪式。

二、签字仪式准备

签字仪式虽然时间不长，但由于它涉及各方面关系，同时也是谈判成功的一个标志，因此，筹办签字仪式一定要十分认真。

1. 人员确定

出席签字仪式的人员基本是参加谈判的全体人员。

2. 必要的准备工作

首先是签字文本的准备，其次是准备好签字用的文具、国旗等物品。

3. 签字厅的布置

签字仪式的种类不同，各国的风俗习惯也不同。我国一般在签字厅内设置长方桌一张，作为签字桌。桌面覆盖深绿色台布，桌后放两把椅子，以面对正门方向为准，主左客右。座位前摆放各自的文本，文本上端分别放置签字的文具。国际商务谈判协议的签字桌中间还需摆入一个旗架，悬挂签字双方的国旗。

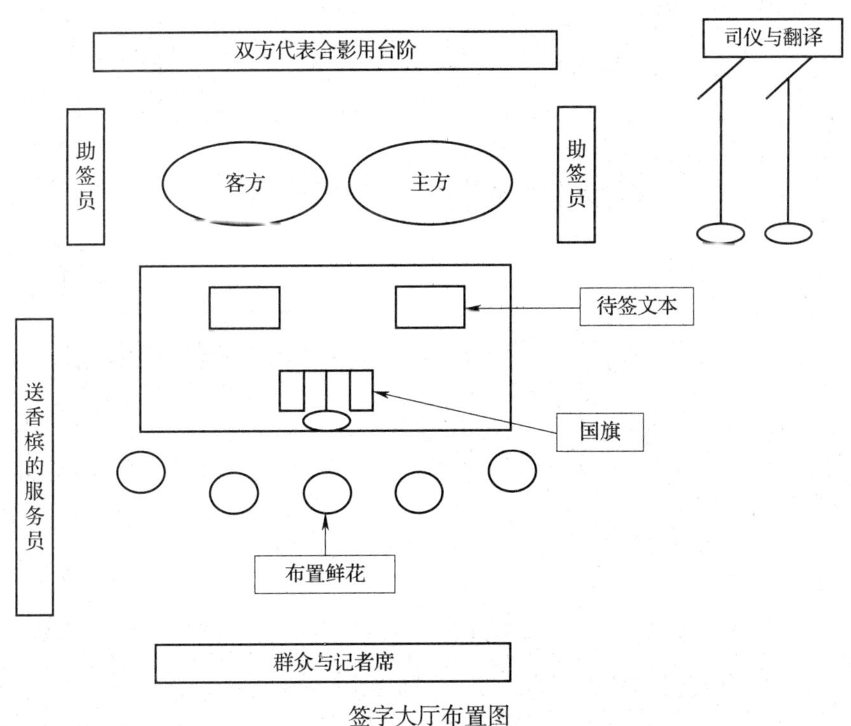

签字大厅布置图

如果有三四个国家缔结条约，其签字仪式与上述相仿，只需相应增添签字人员座位、国旗、文具用品即可。如签多边公约，通常只设一个座位，由公约保存国代表带头签字，然后由各国代表按一定次序轮流在公约文本上签字。

4．双边会谈时悬挂国旗的方法

按照国际惯例，悬挂双方国旗，以旗面本身为准，右为上，左为下。以挂旗人为准"面对国旗左为上，右为下"。车头需要挂国旗时，以汽车的行进方向为准，右为上，左为下。几种挂旗法及图示见表 7—3。

表 7—3 挂旗法及图示

挂旗法	图示
两面国旗并挂	客方　主方
三面以上国旗并挂	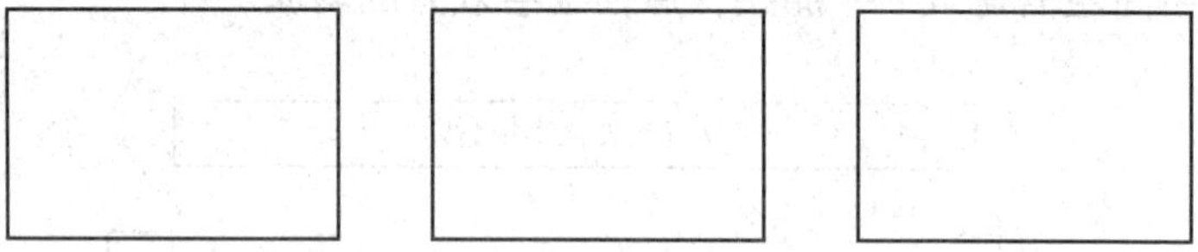 ①　②　③ 注：多面并列，主方在最后；如系国际会议，无主客之分，则按会议规定之礼宾排列
并列悬挂	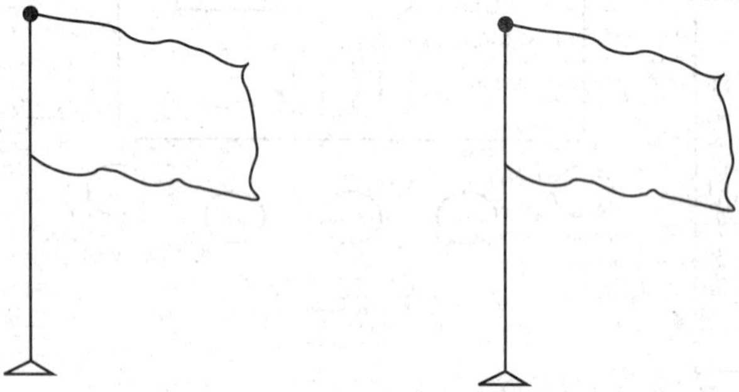 客方　主方

续表

挂旗法	图　示
交叉悬挂	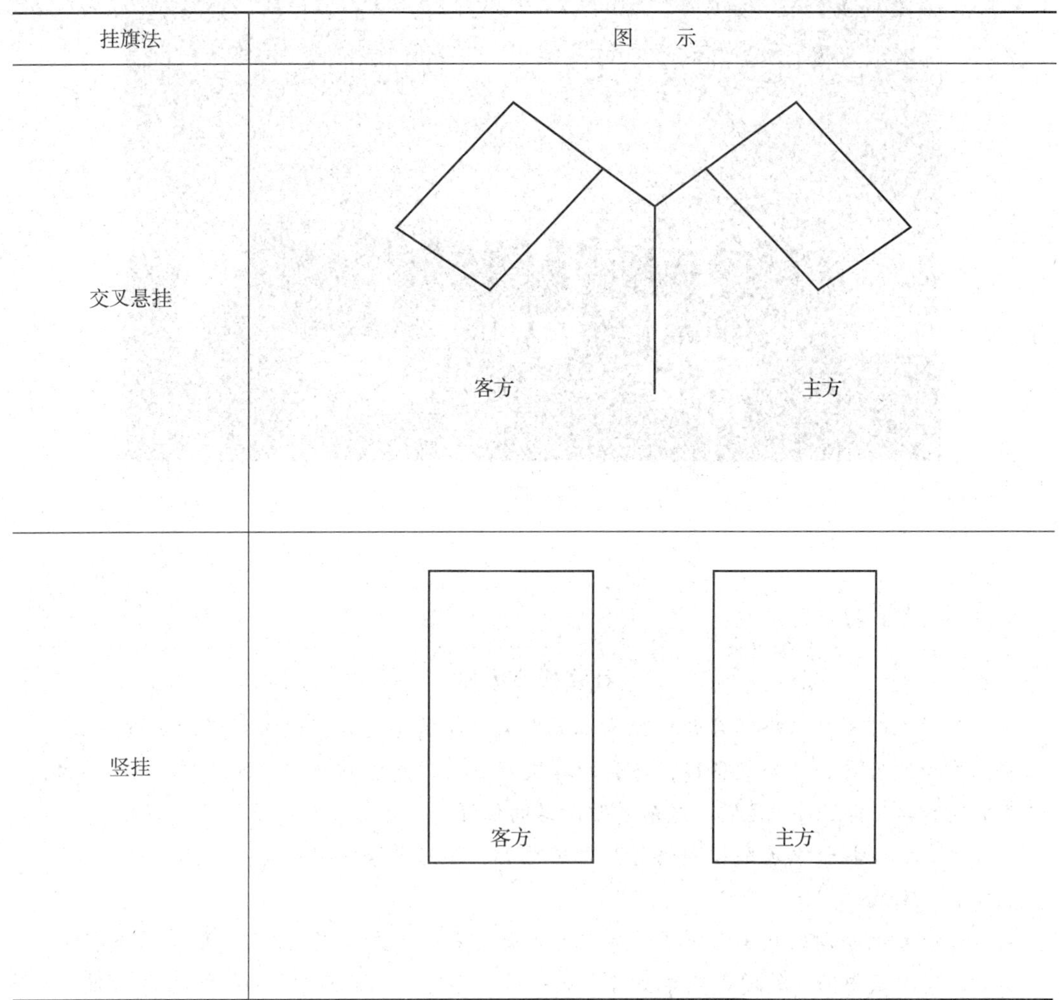 客方　主方
竖挂	客方　主方

三、签字仪式的服务规程

宾主双方到达签字大厅时，服务员要主动上前为签字人员拉椅让座。双方代表分别站在签字代表的身后。开始签字时，服务员站在签字桌两头等候，准备签字后撤椅子，服务员要速将香槟酒启开，倒入香槟酒杯内（约六七分满），端入签字大厅，分别站在签字台两侧约 3 米处，准备上酒。

涉外签字一般有两种文本，当签字人员在一种文本上签完字后，由双方助签人员交换文本，当交换的文本签完字后，双方签字代表站起来正式交换，在签字人员相互握手时，由两名服务员上前迅速将签字椅撤除。随后，端托香槟酒的服务人员立即跟上，分别将酒端至双方签字人员面前，请其端取。接着从桌后站立者的中间开始，向两边依次分别端取。宾主举杯祝贺并干杯后，服务员要迅即上前用托盘接收酒杯，照顾签字代表退席。

签字仪式

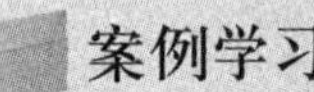

案例学习

礼宾次序安排

某年在丹麦哥本哈根召开联合国社会发展世界首脑会议，出席会议的有近百位国家元首和政府首脑。会议当日，与会的各国元首与政府首脑合影。照常规，应该按礼宾次序名单安排好每位元首、政府首脑所站的位置。

可是，根据什么原则排列位置？哪国元首、政府首脑排在最前或最后？这项工作实际上很难做。

丹麦和联合国的礼宾官员商量后只好把丹麦首脑（东道国主人）、联合国秘书长、法国总统以及中国、德国总理等安排在第一排，而对其他国家领导人，就任其自便了。好事者事后向联合国礼宾官员“请教”，答道：“这是丹麦礼宾官员安排的”。向丹麦礼宾官员核对，回答说：“根据丹麦、联合国双方协议，该项活动由联合国礼宾官员负责”。

这是一个灵活应用礼宾次序的典型案例。国际交往中的礼宾次序非常重要，如安排不当或不符合国际惯例，就会招致非议，甚至会引起争议和交涉，影响国与国之间的关系。在安排礼宾次序时，既要做到大体上平等，又要考虑到国家关系，同时还要考虑到活动的性质、内容，及参加活动成员的威望、资历、年龄，甚至其宗教信仰、所从事的专业以及当地风俗等。礼宾次序不是教条，不能生搬硬套，要灵活运用、见机行事。有时由于时间紧迫，无法从容安排，只能照顾到主要人员。

第四节 宴请礼仪

宴请是为了表示欢迎、答谢、祝贺、喜庆等举行的一种隆重的、正式的餐饮活动。宴请是社会交往中最常见的活动形式之一。

一、宴请的基本形式

常见的宴请形式有宴会、招待会、茶会和工作进餐四种，具体见表7—4。

表7—4　　宴请的几种形式

<table>
<tr><th colspan="2">宴会类型</th><th>说　明</th></tr>
<tr><td rowspan="4">宴会</td><td>国宴</td><td>是宴会中最隆重的一种形式。由国家元首或政府首脑主持，为国家庆典或欢迎外国元首、政府首脑来本国访问而举行的正式宴会。宾主均按预先排定的席次入座。宴会厅内悬挂国旗，演奏国歌和席间乐，并致正式祝酒词，格调典雅庄重。时间以不超过一个半小时为宜</td></tr>
<tr><td>正式宴会</td><td>仅次于国宴的宴会。所谓正式，是指所有程序都按一定的礼仪规则进行。除不挂国旗、不演奏国歌及出席者规格不同以外，其他均与国宴相仿，宾主均按身份排席次就座，致正式祝酒词。有时也演奏席间乐</td></tr>
<tr><td>便宴</td><td>一种非正式的宴会，可不排席次，简短祝酒而不作正式讲话，有随便、亲切之感</td></tr>
<tr><td>家宴</td><td>即在家中设宴招待客人，采用这种形式以示对客人亲切友好。家宴往往由主妇亲自下厨烹调，家人共同招待</td></tr>
<tr><td rowspan="2">招待会</td><td>冷餐会</td><td>菜肴以冷食为主，也适当加上两三道热菜，连同餐具陈放在桌上，供客人自取。可以不设座椅，站立进餐，也可以设小桌和少量座椅。除桌上摆有座签的宾主须按位次入座外，其他大部分客人和主人可以自由入席，随意走动，互相敬酒</td></tr>
<tr><td>酒会</td><td>招待品以酒为主，配以各种果汁，略备小吃。以多种酒类配成的混合饮料的酒会，叫鸡尾酒会。酒会不设座，仅置小桌或茶几，以便客人随意走动，广泛接触交谈。客人可在请柬注明时间之内的任何时候到达或者退席，来去自由，不受约束。如果请柬上没有注明终了时间，一般情况下可按两个小时左右掌握</td></tr>
<tr><td colspan="2">茶会</td><td>是一种日常的交际方式，通常在下午4时至6时举行，偶尔也有在上午举行的。一般不超过两个小时。仅备茶点待客，一边品茶，一边交谈。因此，茶叶、茶具的选择较为讲究，茶叶应具有地方特色，外国人多用红茶。茶具用陶瓷器皿，不宜用玻璃杯，也不要用暖水壶代替茶壶。茶会地点应设在客厅而不在餐厅。也有不用茶而用咖啡的，其组织安排与茶会相同</td></tr>
<tr><td colspan="2">工作进餐</td><td>是社会交往中经常采取的一种非正式宴请，分早、午、晚三种形式，一般以午餐为多。宾主在会谈协商期间，利用进餐的机会，边吃边谈。其费用有时由参加各方自付</td></tr>
</table>

二、宴请的组织和安排

1．编排席次

按国际惯例，桌次的高低以离主桌位置的远近而定，右高左低。桌数较多时，要摆桌次牌。一般而言，以面对大门、背靠饭厅或礼堂主题墙面的位置为正位，定位为主桌位。

宴会可以用圆桌也可以用长桌或方桌。一桌以上的宴会，桌子之间的距离要适宜，各个座位之间也要距离相等。如果安排乐队奏乐，不宜离宴席太近。

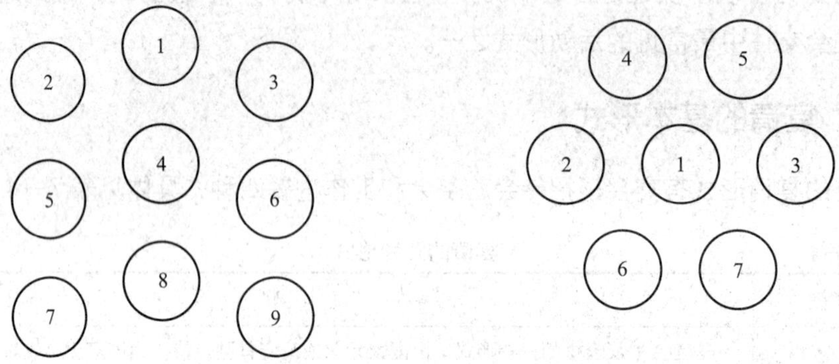

大型宴会桌次安排

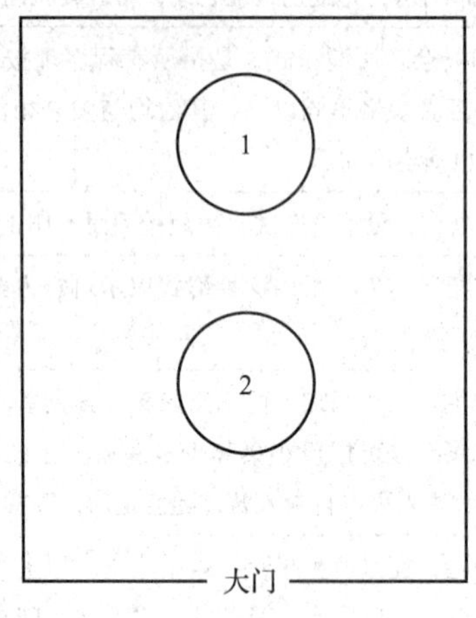

小型宴会桌次安排

安排宴会座次要考虑到国内外不同的习惯。按我国习惯，通常情况是面朝入口处的座位为主人座位，主人对面是副主人位置，主人的右边为主宾，左边为第二副主宾，副主人位置的右边为第一副主宾，其余按先右后左顺序依此类推。依据国际惯例，座席安排应男女穿插，以女主人为准，主宾在女主人右边，主宾夫人在男主人右边。

对外交往中如遇特殊情况，可灵活安排座次。如主宾身份高于主人，为表示对其敬重，可把主宾排在主人的位置上，而主人则坐在主宾的位置上，第二主人坐在主宾的左侧，也可以按常规安排。

具体安排席位时，还要考虑多种因素，如身份大体相同，语言、专业及信仰相近者可安排在一起；政见分歧过大、关系紧张者等应尽量避免安排在一起。

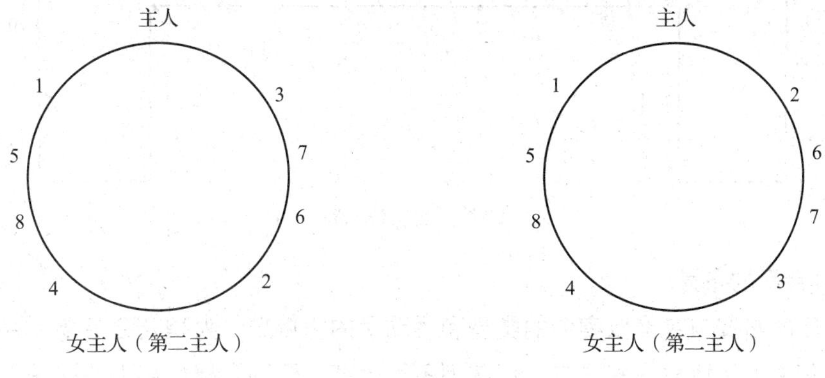

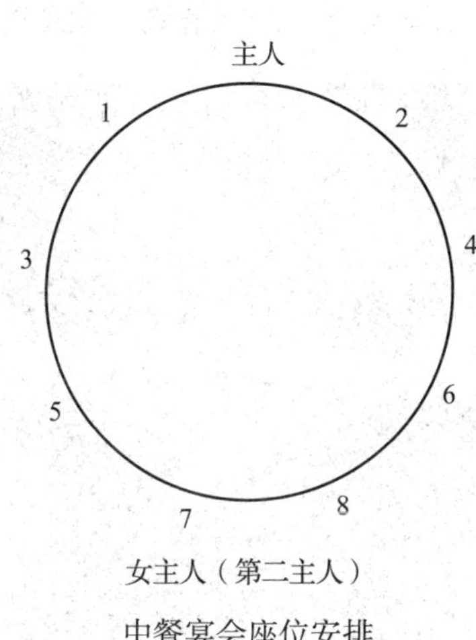

中餐宴会座位安排

西餐席位安排仍遵循“男左女右、右高左低”这一基本原则，并要注意考虑宾客的职务、地位高低以及人事关系、政治形势等因素排位。

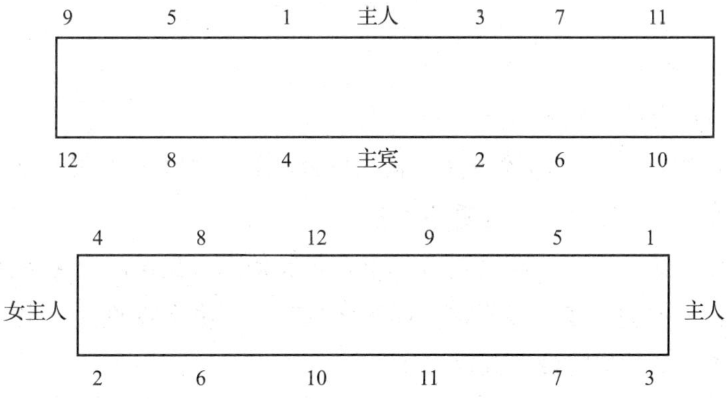

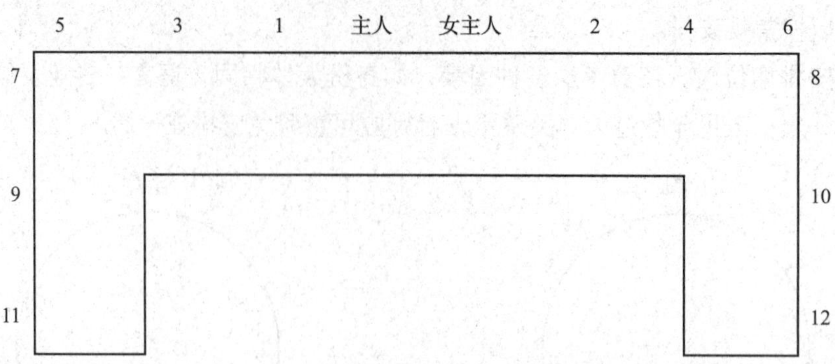

西餐宴会座位安排

2．宴会厅的布置

宴会厅的布置与装饰以宴会的类型和活动目的为依据。大型宴会会场可以悬挂彩灯等装饰，餐桌上可摆放一些鲜花，但花型不可太高，否则会挡住客人的视线。宴会厅总的布置要求应该是宽敞整洁、庄重大方、空气清爽、设备齐全、布局合理。

中餐宴会厅布置图

3．宴请的程序

通常情况下，宴请的程序如下：

（1）主人在宴会厅门口迎候贵宾。客人陆续到达，均由有关接待人员引进休息室，如无休息室则直接进入宴会厅，但暂不入座。

（2）主宾到达后，由主人陪同进入休息室与其他客人见面。当主人陪同主宾进入宴会厅时，全体客人就座，宴会即开始。如果休息室小，宴会规模大，也可请主桌以外的客人先入座，主桌上的贵宾最后入席。

（3）如果主人和主宾要发表讲话，应由主持人先介绍。一般安排在热菜之后甜食之前，首先由主人致辞，然后主宾讲话。双方讲话有时也可安排在入席完毕时进行。

（4）菜单上的最后一道菜用完后，主持人宣告宴会结束，主人与主宾起立，其他来宾方可离开。主宾告辞，主人送客至门口，主宾离去后，原迎宾人员仍按顺序排列，与其他客人握别。

宴会服务场面

4. 宴会服务工作应注意的问题

（1）重视宴会准备工作，了解宴会规格、目的、性质、名称等。对客人情况要做到“八知”“三了解”。“八知”即知台数、知人数、知宴会标准、知开餐时间、知菜式品种及出菜顺序、知主办单位或房间、知收费办法、知邀请对象。“三了解”即了解宾客风俗习惯、了解宾客生活忌讳、了解宾客特殊需要。

（2）主人和客人致辞时，服务人员要停止一切活动，不要随意走动，应站立旁边，保持安静。客人敬酒时，服务员应随后跟上，注意及时为客人斟酒。

（3）服务顺序要正确。按中餐宴会的惯例，服务顺序应从第一主人右方的主宾开始，按顺时针方向进行，最后再服务主人。如有两人担任侍应，则其中一个按上述顺序开始，至第二主人右侧第一位宾客为止，另一服务员从第二主人右侧第一位客人开始，依次按顺时针顺序服务。西餐宴会中，应按“先女宾后男宾再主人”的顺序服务。

（4）中餐宴会的上菜位置一般选择在陪同和翻译人员之间进行，也有的在第二主人右边进行，不能从主人与主宾之间或来宾之间上菜，每一道菜均应先上主桌。西餐宴会应在每位客人右边上菜、服务酒水。

知识链接

碰杯礼的由来

人们喜欢在喝酒之前先碰一下杯，这个习惯现在遍及全世界。碰杯礼是怎么形成的呢?

一种说法是古希腊人创造的。传说古希腊人注意到这样一个事实，在举杯饮酒之时，人的五官都可以分享到酒的乐趣：鼻子能嗅到酒的香味，眼睛能看到酒的颜色，舌头能够辨别酒味，而只有耳朵被排除在这一享受之外。怎么办呢?希腊人想出一个办法，在喝酒之前，互相碰一下杯子，杯子发出的清脆响声可传到耳朵中。这样，耳朵就和其他器官一样，也能享受到喝酒的乐趣了。

另一种说法是喝酒碰杯起源于古罗马。古代的罗马崇尚武功，常常开展“角力”竞技。竞技前选手们习惯于饮酒，以示相互勉励之意。由于酒是事先准备的，为了防止心术不正的人给对方喝的酒中放毒药，人们想出一种防范的方法，即在角力前，双方各将自己的酒向对方的酒杯中倾注一些。以后，这样碰杯便逐渐发展成为一种礼仪。

第五节　文艺演出和参观礼仪

在社会交往礼仪中，往往专门为交往对象安排一些文娱活动，不论是组织还是应邀参加此类活动，都应当掌握有关的礼仪规范。

一、文艺演出的礼仪

文艺晚会也被简称为晚会。一般指晚上举行的以综艺性文艺演出为主要内容的联欢性聚会。在接待贵宾时，组织一场文艺晚会，既可以传播本国或本地区文化，也可以给予对方一种礼遇和友好。有关文艺晚会的礼仪规范，主要包括节目的制作、安排座位等几个方面。举办一场成功的晚会应主要注意以下两个方面：

1．精心选择

组织一场别开生面的文艺晚会，必须事先精心安排，组织策划好节目。选择节目应根据不同国家或地区的文化特点，尤其要考虑客人来访的性质，兼顾双方的相互往来关系，尊重客人的风俗习惯和一些特殊爱好，传播本国或本地区的文化与成就。

可以选择具有本国或本地区特色的音乐、民歌、京剧、舞蹈小品，也可选择少数民族的舞蹈、音乐。

2. 座位安排

安全保卫是重要大事，需提前安排妥当，保证晚会顺利举行。最好的座位在第7排至第10排左右。要使宾主集中就座利于交流。座位安排应确保客人进场与退场方便安全。

二、参观礼仪

参观游览有时也叫观光游览，是指参观风景名胜，也可指前往外国或外地进行的参观活动。在社会交往中，为应邀来访的客人适当安排一些观光游览活动，既能丰富其生活，也可以借此机会展示东道主的历史文化、风土人情和建设成就。这是一项有利于对外宣传和对外树立形象的友好活动。

1. 具体工作

（1）选择好具体地点

为客人安排观光游览的具体地点时，除了要充分考虑对方是否感兴趣以外，还要看主方实施的可能性。事先最好征得客人同意，并与主方有关部门和接待单位及时联系。安排好陪同人员也很重要。进行观光游览之前，东道主务必安排好称职负责的陪同人员、安全保卫人员、司机以及其他辅助性工作人员。若客人身份较高，则应安排身份与之对等者出面陪同或接待。

（2）联系好交通工具

在本地进行参观时，要提前准备好车辆与客船、游船。要求既要大小适度、舒适方便，又要性能良好、安全快捷。前往外地参观，一定要提早订妥机票、车票或船票，并联系好当地前来迎接的车辆。

（3）准备好讲解介绍

进行参观前，不仅要安排好称职的导游人员，而且还要根据客人的特点进行具有针对性的介绍。全体陪同人员也应对参观地点的特殊之点耳熟能详，以便为客人答疑时能对答如流。

（4）其他准备工作

对于天气变化、交通状况、膳宿问题也要考虑周全，防止突发事情出现，做到有备无患。

2. 注意事项

（1）着装得体

通常按惯例，观光游览时宜着便装。若穿西装可不必系领带。不论穿什么服装，都要干净整洁，不要过于裸露。有些地方对参观者的衣着有一定的要求，如必须脱鞋等。

（2）注意行为举止

在国外参观时，注意行为举止。不要吸烟、乱扔杂物，不要采折花木、逗捕动物，不要随意涂刻、践踏草坪等；在比较肃静的场所，切勿大声喧哗或高谈阔论。

（3）摄影慎重

在有些国家，不少风景、名胜古迹往往禁止拍照摄像。此类场所，一般都有明显的禁止摄影、摄像或禁止使用闪光灯的标志，对此必须严守规定。国外的私宅、军营和许多公共场所往往禁止外国人拍摄，在未经同意的情况下拍摄，有时也会产生侵权行为。

思考与练习

1. 迎接礼仪包括哪些主要内容？
2. 会见分几种类型？会见座次如何安排？
3. 会谈的服务礼仪有哪些？
4. 简述签字仪式的注意事项。
5. 常见的宴请形式有哪些？宴请的桌次与座位安排应注意哪些问题？

第八章

chapter 8

我国主要客源国(地区)的习俗与礼仪

世界上有200多个国家和地区，超过60亿人口，分属于2 000多个大大小小的民族，他们有着不同的风俗习惯和礼节形式。旅游服务面向世界各国的来宾，这就需要服务人员了解我国主要客源国和地区的习俗和礼仪，以提高旅游服务水平，树立我国在国际上的良好形象。

学习目标

- 了解亚洲主要客源国（地区）的礼仪习俗。
- 了解欧洲主要客源国（地区）的礼仪习俗。
- 了解美洲主要客源国（地区）的礼仪习俗。
- 了解大洋洲和非洲主要客源国（地区）的礼仪习俗。

第一节　亚洲主要客源国（地区）的习俗与礼仪

亚洲是世界第一大洲，有40多个国家和地区，人口30多亿。亚洲的礼仪习俗有着东方古老文明的背景和深厚东方文化的积淀，世界四大文明古国中，有三个在亚洲。亚洲是地理环境和社会文化差异最大的大洲，亚洲各国（地区）礼仪习俗千差万别。

一、日本

1. 礼仪习俗

（1）日本人非常注重礼貌用语，常用的寒暄语有："您早""您好""晚安""初次见面，请多多关照""拜托您了""对不起""失陪了"等。

（2）现在日本人外出大多穿西服。和服是日本传统的民族服装，在隆重的社交场合或节庆时他们也会穿和服。

（3）日本人初次见面，双方互相鞠躬、互递名片，一般不握手；老朋友见面，可行握手礼或拥抱礼。

（4）日本人一般不在家招待客人，如有事需要拜访，应事先约好。

（5）和日本人打招呼，要称呼他们的姓，只有家人和朋友才称呼名字。

（6）日本人在多数场合都彬彬有礼，尽量不让对方感到尴尬。一件事不管办成与否，日本人都报之以微笑。

（7）日本人看人时，不是注视对方的双眼及脸部，而是看对方的脖子部位，他们认为盯着对方的脸部是不礼貌的行为。

（8）日本人喜爱红、白、蓝、橙、黄等色。红色被当作吉庆幸运的颜色。

（9）日本人喜爱松、竹、梅、鹤、龟等动植物。

2. 礼仪禁忌

（1）日本人忌绿色，认为绿色不吉祥。

（2）日本人忌荷花图案，认为荷花是丧花。

（3）日本人忌数字"4"，因"4"与"死"相同。

（4）日本人忌三人合影，因为三人合影，中间被夹，是不祥的预兆。

（5）日本人慎用“先生”作称呼。在日本，“先生”一词只限于称呼教师、医生、年长者、上级或有特殊贡献的人。对一般人称“先生”，会使他们处于尴尬境地。

（6）日本人忌“八筷”（舔筷、迷筷、移筷、掏筷、跨筷、剔筷、扭筷、插筷）。

（7）日本人忌用同一双筷子给宴席上所有人夹取食物。

案例学习

一位日本客人在某饭店住店期间，身体出现不适，服务员小张陪客人去医院看病，并在客人生病期间给予了客人周到的照顾，为此客人非常感谢，送给小张一只日本钢笔。作为回赠，小张精心挑选了一把仿古木梳送给客人，结果日本客人却感到了不快。

思考：为什么小张的礼物没有赢得日本客人的好感呢？不了解客人的禁忌就会经常出现好心办坏事的情况，这个案例对我们做好对客服务工作有什么启示？

二、韩国

1. 礼仪习俗

（1）在韩国，晚辈对长辈、下级对上级规矩严格，须表示特别的尊重。与长辈握手时，还要以左手轻置于其右手之上，躬身相握，以示恭敬；与长辈同坐，要保持姿势端正、挺胸，绝不敢懒散；若想抽烟，须征得在场长辈的同意；用餐时不可先于长者动筷等。

（2）在韩国，男子见面，可打招呼，相互行鞠躬礼并握手，但女性与人见面时，通常不与他人握手，只行鞠躬礼。

（3）在韩国，妇女十分尊重男子，双方见面时，总是女性先向男子行鞠躬礼，致意问候；男女同坐时，一般男子位于上座，女子下座。

（4）不可直呼韩国人的名字，可在其姓前加先生，如“金先生”，为了表示对年长者的尊重，对男士可以用他的头衔代替“先生”，如“金会长”。

（5）到办公室会见合作伙伴或到韩国人的家中做客，通常要带礼物，赠送礼物时要用双手呈上礼物；收到韩国人赠送的礼物时，应该用双手接过礼物以后再打开。

2. 礼仪禁忌

（1）韩国人忌讳数字“4”。

（2）逢年过节时，在韩国不能说不吉利的话，不能生气、吵架。

（3）对其国家或民族进行称呼时，不要将其称为“南朝鲜”“南韩”或“朝鲜人”，而宜称为“韩国”“韩国人”。

（4）与韩国人交谈时，可选择的话题有韩国文化、国家的经济成就、足球等，应避免的话题有政治腐败、经济危机、南北分裂、韩美关系、韩日关系等。

三、新加坡

1. 礼仪习俗

（1）新加坡人对吉祥字、吉祥图画等有特殊的感情。对“喜”“福”“吉”“鱼”字非常喜欢，认为这些字预兆着吉利。

（2）新加坡人酷爱花草，“兰花”是他们偏爱的花种。他们特别喜欢在装饰华丽、花草繁多的环境宴请、攀谈或休息。

（3）新加坡人特别讲究卫生，喜欢沐浴，爱穿绸料衣服。

（4）新加坡人偏爱红色，认为红色艳丽夺目，对人有激励作用。他们还把红色看成是庄严、热烈、刺激、兴奋、勇敢和宽宏的象征。

（5）新加坡人的时间观念较强，有准时赴约的良好习惯。他们认为准时赴约是对客人的尊重和礼貌。

（6）新加坡人在社交场合与客人相见时，一般都惯行握手礼。在与东方人相见时，也有施鞠躬礼的习惯。

（7）与新加坡人交谈时，要回避宗教和政治方面的话题。

2. 礼仪禁忌

（1）新加坡人忌讳有人口吐脏言，不喜欢“4（死）”“7（消极）”等数字。

（2）新加坡人对“恭喜发财”之类的话反感，认为这有教唆他人发不义之财的意思，是挑逗、煽动他人损人利己的有害言语。

（3）新加坡人忌讳乌龟，认为这是种不祥的动物，给人以色情和污辱的印象。

（4）新加坡的印度裔人、马来裔人忌讳左手传递东西或食物，认为使用左手是一种不礼貌的举止。

（5）在新加坡，大年初一扫帚必须收藏起来，绝不许扫地。他们认为这天扫地会把好运气都扫走。

四、印度

1. 礼仪习俗

（1）印度男人相见或分别时，有时握手，有时也用传统的佛教礼节——双手合十。男人不能和女人握手，在行双手合十礼或鞠躬礼时，男人不能碰到女人。

（2）献花环是印度的传统礼节，对一般客人献花环时，只将其套在客人的脖子上即可；对尊贵客人，所用花环很大，其长度要超过客人膝盖。

（3）印度人习惯用右手进食、递送或拿取物品，忌用左手或双手，即使在敬酒时，宾主也都用右手举杯。

（4）印度妇女喜欢用朱砂和水米调和后点在眉心，即“蒂卡”。它不仅展示美丽，而且表示已敬过神明。

2. 礼仪禁忌

（1）牛是印度教徒爱护的动物，神圣不可侵犯，任何人不得伤害它们，忌食牛肉，也忌用牛皮做的东西。

（2）以下为在印度的禁忌行为：印度人认为吹口哨是冒犯他人的举动；千万不要拍印度小孩的头部，印度人认为这样会伤着孩子；禁止穿皮革制品，特别是在圣地；忌用荷花作馈赠品，因为印度人多以荷花为祭祀之花；忌在上了年纪的印度人面前抽烟。

（3）印度人忌白色，认为白色象征着内心的悲哀，黑色也被认为是不祥的颜色。

（4）印度人忌讳的数字是“1”“3”“7”“13”等。

五、泰国

1. 礼仪习俗

（1）泰国人多数情况下施行传统的合十礼，但在相当西化的场合也采用握手礼。

（2）泰国人进寺庙烧香拜佛或参观时，必须衣冠整洁，若在庙堂中赤胸露背、衣冠不整，会被认为玷污了圣地、对神佛失敬。每个人必须脱下鞋子方可进庙。

（3）在泰国，若有尊者或年长者在座，其他人无论或蹲或跪，头部都不得超过尊者、长者的头部，否则是极大的失礼。

（4）给人递东西都要用右手，因为他们认为左手不洁。传递物品时不能扔过去，认为这样做是不礼貌的行为，不得已这样做了要说声“对不起”。别人坐着时，不可把物品越过他的头顶传递。

（5）泰国人有进门先脱鞋的习惯，到当地人家做客，如果发现室内设有佛坛，必须马上脱掉鞋、袜和帽子。

2. 礼仪禁忌

（1）泰国人最忌触摸头部，因为他们认为头是智慧的所在，是宝贵的。小孩子决不可触摸大人的头部；若打了小孩子的头，他们就认为一定会生病。

（2）泰国人睡觉忌讳头朝向西方，忌用红笔签名，因为头朝西和用红笔签名都意味着死亡。

（3）泰国人忌脚底向人和在别人面前盘腿而坐，忌用脚把东西踢给别人，也忌用脚踢门。就座时忌跷腿，妇女就座时双腿要并拢，否则会被认为无教养。

（4）当着泰国人的面，最好不要踩踏门槛，因为他们认为门槛下住着神灵。

（5）泰国人忌讳褐色，而喜欢红色、黄色，并习惯用颜色来表示不同的日期。如星期一为黄色，星期二为粉红色，星期三为绿色，星期四为橙色，星期五为淡蓝色，星期六为紫红色。

（6）在泰国，忌讳狗的图案。

深入思考

如果你是一名饭店迎送员，当一位泰国客人乘车前来饭店时，你应当如何做好开启车门的服务工作？

六、我国港澳台地区

1．礼仪习俗

（1）与港澳台的商务人士见面，一般行握手礼，商务活动需要交换名片。

（2）称呼上普遍使用“先生”“夫人”“太太”“小姐”之类。

（3）港澳同胞向客人表达谢意时，往往用叩指礼（即把手指弯曲，以几个指尖在桌面上轻轻叩打，以表示感谢）。

（4）去拜访香港客人时，若主人奉茶，客人要在主人喝过后才可饮用。若主人长时间未饮茶，忽然举杯只呷一口，则表示送客。

（5）与香港人首次见面，可送些小礼品，颜色以金黄色与绿色为佳。

（6）登门访问台湾客人时，宜带一样小礼品，并双手呈送；忌送扇子、剪刀、雨伞、甜果、粽子。

（7）接受香港人的礼品时，不可当面打开。

2．礼仪禁忌

（1）港澳台同胞忌讳别人打听自己的家庭地址，忌讳询问个人的工资收入、年龄等情况。

（2）香港人遇到别人称赞时，忌说“谢谢”。

（3）台湾人忌有人冲他眨眼，认为这是一种极不礼貌的行为。

（4）港澳台人都忌数字“4”。

深入思考

试比较港澳台同胞的礼仪习俗与我国大陆同胞的礼仪习俗有什么异同，旅游服务人员在为港澳台同胞服务时应该注意哪些要求。

第二节　欧洲主要客源国（地区）的习俗与礼仪

人们习惯上把欧洲细分为东、西、南、北、中五个区域，其中北欧有瑞典、芬兰、丹麦、挪威等，西欧有英国、荷兰、法国、比利时等，中欧有德国、奥地利、瑞士等，南欧有意大利、西班牙等，东欧有俄罗斯、波兰、匈牙利等。欧洲自然环境优美，文化古迹众多，工业发达，国民生活水平高，吸引着世界各地游客去欧洲观光游览。

一、英国

1. 礼仪习俗

（1）英国人见面都行握手礼。

（2）英国人尤其是年长的英国人以世袭头衔或荣誉头衔为荣，习惯于“先生”“夫人”“阁下”等称呼。

（3）英国重大的宴请活动一般都安排在晚餐进行。

（4）英国人招待客人的时间往往要持续 3 小时，一般是先喝果汁苏打，接着是白葡萄酒、红葡萄酒，然后是雪茄烟，最后是白兰地酒。

（5）英国人下班后不谈公事，特别讨厌就餐时谈公事，也不喜欢邀请有公事交往的人到自己家中吃饭。

（6）到英国人家中做客，晚到 10 分钟被视为是礼貌行为。

（7）英国人不喜欢带有客人公司标记的纪念品。

（8）在英国，服饰、香皂之类涉及个人私生活的物品不宜作为礼品送人。

2. 礼仪禁忌

（1）英国人忌讳数字“13”。如果 13 日又是星期五的话，则认为是双倍的不吉利。

（2）英国人忌用人像作商品装潢，忌大象、猫头鹰、孔雀、山羊图案。

（3）英国人忌送菊花和百合花。

（4）英国人忌讳的话题有个人年龄、职业、婚姻、收入、宗教、英国皇家的家事等。

（5）英国人忌下列行为：一是忌讳当众打喷嚏，二是忌讳用同一根火柴连续点 3 支香烟，三是忌讳把鞋子放在桌子上，四是忌讳在屋子里撑伞，五是忌讳从梯子下面走过，六是忌讳当着人的面耳语，七是忌讳拍打别人肩背。

（6）与英国人谈话时，忌两腿分开过宽，忌跷二郎腿，忌把手插入衣袋。

二、法国

1. 礼仪习俗

（1）法国人常用的见面礼有握手礼、拥抱礼和吻面礼。

（2）称呼法国人时，宜在其姓氏后加上“先生”“夫人（女士）”“小姐”。

（3）法国人初次见面，一般不需要送礼物；第二次见面时，则必须送点礼物，否则就会被认为是失礼的。礼物的选择注意体现对主人的衷心赞美和诚挚，但不能过于亲密。法国人不赠送或接受有明显广告标记的礼物，而喜欢有文化价值和艺术水平的礼物。

（4）法国人约会讲究准时，不准时被认为是不礼貌的。

（5）法国人待人彬彬有礼，礼貌语言不离口。稍有不当，如偶尔碰了别人一下，就认为自己失礼而马上说“对不起”。在公共场所，他们不大声喧哗。

（6）家宴是法国商人对客人最隆重的款待，而且不会被视为是交易的延伸。

（7）在正式宴会上，如果餐桌上没有烟灰缸，则不可抽烟。

2. 礼仪禁忌

（1）法国人忌送菊花、康乃馨和纸做的花。送花通常要单数，但不吉利的 13 除外。

（2）法国人忌仙鹤图案，认为仙鹤是蠢汉和淫妇的象征。

（3）法国人忌墨绿色，因为会使他们联想起当年侵占法国的德国纳粹军队。

（4）法国人最忌讳初次见面时询问对方的年龄。

（5）在公共场所，不能随便指手画脚、掏鼻子、剔牙、掏耳朵。

（6）法国人有一个普遍的忌讳是不能请人坐 13 号座位、住 13 号房间，城镇的门牌号也难以见到一个 13 号，往往以“12B”或“14B”来代替 13 号。

（7）法国男士忌送女士香水和化妆品，因为有过分亲热或不轨企图之嫌；也忌送刀、剑、刀叉、餐具之类物品，因为有一刀两断之嫌。

案例学习

北京某大酒店里举行一场盛大宴会，各国在京的重要商人汇聚一堂，听取某大公司总经理关于寻找合作伙伴的讲话。

会后，客人被请到了大宴会厅。每张桌上都放着一盆大绣球似的黄澄澄的菊花插花，远远望去，甚是可爱。客人按指定的桌位一一坐定，但引座服务员发现，左边有几张桌子前仍有数名客人站着，不知是对不上号还是有别的原因，于是她走上前去了解。原来，那些客人都是法国人，他们认为黄菊花是不吉利的，因此不肯入座位。

思考：为什么会发生客人不肯入座的事？如果你是该服务员，遇到这样的情况你会如何处理？这个案例给了我们什么样的启示？

三、德国

1. 礼仪习俗

（1）德国人的见面礼通常为握手礼。

（2）在德国，对方有学术和职业头衔，应用学术和职业头衔称呼对方，如“教授”“博士”，因为在德国，获得学术和职业头衔是他们引以为豪的资本。与德国人交往，如果你有学术和职业头衔，一定要印在名片上。

（3）德国人待人接物严肃拘谨，态度诚恳坦直。如果你在街上向陌生的德国人询途问路，那么他会热情地、不厌其烦地来指点迷津。

（4）德国人在礼节上讲究形式，约会很守时。

（5）在德国人的宴会上，遵循“以右为尊”的原则，当女士离开饭桌或回来时，男士要起立以示礼貌。

（6）给德国人送礼，应尽量选择有民族特色、带文化味的东西。

2. 礼仪禁忌

（1）德国人忌讳“13”和“星期五”，认为“13”是厄运的数字。

（2）德国人忌以茶色、红色、深蓝色和黑色作包装色。

（3）德国人忌吃羊肉、鱼虾、动物内脏和核桃。

（4）德国人服饰和其他商品包装上忌用纳粹标志或类似的符号。

（5）德国人忌讳蔷薇、菊花，它们不能随意作为礼物送人。

（6）德国人忌讳他人询问自己的年龄、工资、信仰、婚姻状况等问题，认为这是个人的私事，无须他人过问干涉。

（7）德国人忌讳用目光盯着他人，认为这有不轨之嫌。

（8）德国人忌讳交叉式谈话。

四、俄罗斯

1. 礼仪习俗

（1）俄罗斯人初次见面行握手礼，久逢的朋友行拥抱礼。

（2）俄罗斯人相互介绍按女士、长者、男士、年轻人的顺序进行。

（3）在称呼上，熟人之间直呼其名（本名）；陌生人之间，年轻人对长辈、下级对上级则必须使用尊称，即本名、父名、姓氏加“先生”“夫人”等称呼或头衔。

（4）参加俄罗斯人的宴请时，宜对其菜肴加以称道，并且尽量多吃一些；俄罗斯人将手放在喉部，一般表示已经吃饱。

（5）俄罗斯人忌讳用餐发出声响，忌用汤匙直接饮茶或让其直立于杯中。

（6）给客人吃面包和盐是俄罗斯人最殷勤的表示。

（7）在俄罗斯，鲜花是深受欢迎的礼物。赠送鲜花时，颜色应以红色为宜，数量应以单数为宜，因为俄罗斯人视单数为吉祥的象征。但参加丧礼时，要送双数的鲜花，通常选择康乃馨或郁金香。

（8）在俄罗斯，可以作为馈赠礼品的有酒、鲜花、艺术品和书籍。

2. 礼仪禁忌

（1）与俄罗斯人交往时不能说他们小气，初次结识俄罗斯人忌问对方私事，不能与他们在背后议论第三者，对妇女忌问年龄。

（2）俄罗斯人忌食狗肉、海参、墨鱼、木耳。

（2）俄罗斯人忌讳数字“13”，不喜欢星期五，但视“7”为吉利数字。

（3）俄罗斯人忌讳黑色，喜欢红色。

（4）俄罗斯人忌讳送菊花、杜鹃花、石竹花和黄色的花。

（5）俄罗斯人忌打碎镜子，打碎镜子意味着灵魂的毁灭，个人生活中将出现不幸。

活动平台

填图表，写出英国、法国、德国和俄罗斯等欧洲国家在见面、称呼、花卉、数字和颜色等方面的礼仪与禁忌。

礼仪与禁忌 / 国名	见面	称呼	花卉	数字	颜色
英国					
法国					
德国					
俄罗斯					

第三节　美洲主要客源国（地区）的习俗与礼仪

美洲分为北美洲和南美洲。美国和加拿大占北美洲面积的绝大部分和人口的大部分，是世界上两大经济发达地区之一，对外贸易地位重要，也是我国主要旅游客源国。南美洲居民主要使用西班牙语、葡萄牙语等拉丁语。南美洲的礼仪习俗主要继承西班牙、葡萄牙等国的传统，也受当地传统的影响。

一、美国

1．礼仪习俗

（1）美国人一般都性格开朗，乐于与人交际，而且不拘泥正统礼节，没有过多的客套。与人相见时不一定以握手为礼，而是笑笑说声“Hi（你好）”就算有礼了；分手时也是习惯地挥挥手，说声“明天见”“再见”。如果别人向他们行礼，他们也会用相应的礼节作答，如握手、点头、行注目礼、行吻手礼等。行接吻礼只限于对特别亲近的人，而且只吻面颊。

（2）多数美国人，不论年龄，大家都喜欢直呼其名，并认为这是亲切友好的表示。而不喜欢用“先生”“夫人”或“小姐”之类的称呼，他们认为这类称呼太过于郑重其事。

（3）对于美国妇女，不要存男女有别的观念，要充分尊重她们的自尊心。见面时，如果她们不先伸手，不能抢着要求握手；如果她们已伸手，则要立即做出相应的反应，但不能握得又重又紧、长时间不松手。

（4）美国人与人交往能遵守时间，很少迟到。他们通常不主动送名片给别人，只是双方想保持联系时才送。当着美国人的面如想吸烟，须先问对方是否介意，不能随心所欲、旁若无人。

（5）现代的美国人平时不太讲究衣着，只有在正式的社交场合才讲究服饰打扮。美国妇女日常有化妆的习惯，但不浓妆艳抹。在她们眼里，化淡妆是一种需要，也是表示尊重别人。

（6）美国人讲话，礼貌用语很多，“对不起”“请原谅”“谢谢”“请”等脱口而出，显得很有教养；美国人很重视隐私权，忌讳被人问及个人私事；在接待中，用一根火柴或打火机为美国人点烟时，切记不能连续点三支烟，这样会引起他们的反感；正确的方法是一根火柴点一根烟，分别服务。

2．礼仪禁忌

（1）美国人忌“13”“星期五”等。他们认为“13”不吉利，会给人带来不幸。美国人对星期五也同样抱有恐惧心理。

（2）美国人忌讳用蝙蝠作图案的商品和包装，认为这种动物吸人血，是凶神的象征。

（3）美国人忌讳与穿着睡衣的人见面，这是严重失礼的。

（4）美国人不提倡人际间交往送厚礼，否则会被认为别有用心。

（5）美国人忌食各种动物的五趾和内脏，不吃蒜，不吃过辣食品，不爱吃肥肉，不喜欢清蒸和红烩菜肴。

二、加拿大

1．礼仪习俗

（1）加拿大人相遇时，都会主动向对方招呼问好。

（2）在非正式场合，加拿大人喜欢直呼其名，父子之间互称其名，也是常见之事；有时，加拿大人会连姓带名称呼对方，并冠以“先生”“小姐”“夫人”之类的尊称。

（3）加拿大人在日常生活里不习惯使用对方的头衔、学位、职务，只有在官方活动中才会使用。

（4）应邀到加拿大朋友家中做客和吃饭，可给女主人带一束鲜花，也可带一瓶酒或一盒糖果，赴家宴时晚到 10 分钟左右是礼貌的表现。

（5）加拿大人请客多采用自助餐的形式，进餐时，客人要赞美饭菜的味道好，称赞女主人贤惠能干，感谢主人的盛情款待。

（6）加拿大人的商务馈赠往往在宴会结束时举行，馈赠时忌送贵重或表面装饰豪华的礼品，否则会被视为有行贿嫌疑。

2．礼仪禁忌

（1）加拿大人忌“13”和星期五。

（2）加拿大人忌黑色和紫色。

（3）加拿大人忌食各种动物内脏。

（4）加拿大人忌送百合花，因为百合花是葬礼时使用的花。

（5）在需要指示方向或介绍他人时，加拿大人忌用食指指指点点，而应伸手示意。

（6）加拿大人忌说“老”字，养老院称“保育一院”，老人称“高龄公民”。

三、墨西哥

1．礼仪习俗

（1）在墨西哥人的商务活动中，一般行微笑礼和握手礼，熟人相见行拥抱礼与亲吻礼，在上流社会中，男士对女士行吻手礼。

（2）在正式场合，墨西哥人习惯在交往对象的姓氏之前加上“先生”“小姐”“夫人”之类的尊称。

（3）墨西哥人喜欢邀请朋友到家中做客，并用民族膳食招待。

（4）在墨西哥人家中进餐，宾主围坐在一张长方形桌子周围，主人坐在桌子正座一端，主要客人坐在对着主人的长桌另一端，其他人按主人的安排在桌子两侧就座。

（5）进餐过程中，手臂不能放在餐桌上，身体活动幅度不宜太大，坐姿要端正，吃东西时不可狼吞虎咽，不要发出“叭叭”的响声，嘴里咀嚼食物时不要说话，也不要坐着发愣，以免主人难堪。

（6）墨西哥人向亲朋好友告别时，往往赠送一张弓、一支箭和几张象征神灵的剪纸，以表敬意与祝福。

2．礼仪禁忌

（1）墨西哥人忌讳“13”“星期五”。

（2）墨西哥人忌与陌生男子行亲吻礼或吻手礼。

（3）墨西哥人忌讳黄花和红花，他们认为黄花意味着死亡，红花会给人带来晦气。

（4）墨西哥人忌蝙蝠及其图案和艺术造型，因为他们认为蝙蝠是一种吸血鬼，给人以凶恶、残暴的印象。

（5）墨西哥人忌紫色，认为紫色是棺材之色。

（6）墨西哥人忌手心朝下，在小孩头部的位置与地面平行比画，他们认为这是一种侮辱人的手势。

四、巴西

1．礼仪习俗

（1）巴西人很质朴，性格爽快，心地善良，幽默风趣。

（2）巴西人很重视亲笔签名。无论写信、便条等，都要郑重地签下自己的名字，以表示尊重和礼貌。

（3）巴西男人喜欢开玩笑，但客人要避开涉及当地民族的玩笑。对当地政治问题最好闭口不谈。

2. 礼仪禁忌

（1）巴西人忌讳紫色的花。

（2）巴西人忌讳紫色、黄色、深咖啡色等，他们认为紫色表示悲伤，黄色表示绝望，深咖啡色会招来不幸。

（3）巴西人饮食上忌吃奇形怪状的水产品和用两栖动物肉制作的菜品，也不爱吃用牛油制作的点心。

（4）“13”是巴西人最忌讳的数字。

（5）“OK”手势在巴西被认为是粗俗和猥亵的手势。

（6）与巴西人打交道时，不宜向其赠送手帕或刀子。

深入思考

“入境而问禁，入国而问俗，入门而问讳”讲的是人们出门在外，要注重当地习俗。为什么旅游服务员要学习和了解国外客人的礼仪与习俗，而且在工作中要尊重他们的习俗，不能全部用我国的习俗去接待每位客人呢？

第四节　大洋洲及非洲主要客源国（地区）的习俗与礼仪

大洋洲是世界第七大洲，也是世界上陆地面积最小的大洲。16世纪前，这里人烟稀少，只有土著人居住。后来随着英国和其他欧洲移民的迁居，大洋洲诸岛就成了英国等发达国家的殖民地。现在这里的国家大多摆脱了殖民统治，取得了独立。

非洲是世界第二大洲，也是民族成分最复杂的大洲。非洲经济发展不平衡，文化具有多样性，其礼仪习俗随民族部落和原始宗教的不同而呈现复杂的多样性。

一、澳大利亚

1. 礼仪习俗

（1）澳大利亚人见面时行握手礼，握手时非常热烈，彼此称呼名字，以表示亲热。

（2）在澳大利亚，“伙伴”是一种友好的称呼，“先生”则是一种敬称，商务交往中也可直呼名字。

（3）澳籍英国移民后裔忌在餐桌上谈生意，但澳籍美国移民后裔则正好相反。

（4）英国文化背景的澳大利亚人喜欢好茶、橘子汁、苏格兰威士忌、脆饼等礼物，亚洲和南欧籍的澳大利亚人则喜欢来自祖国的礼物。

2．礼仪禁忌

（1）在澳大利亚，即使是很友好地向人眨眼（尤其是向妇女），也会被认为是极不礼貌的行为。

（2）澳大利亚人认为兔子是一种不吉祥的动物，人们看到它都会感到倒霉，因为这预示着厄运将要临头。

（3）澳大利亚人对“13”很讨厌，认为“13”会给人带来不幸和灾难。

（4）澳大利亚人忌讳“自谦”的客套语言，认为这是虚伪和无能或看不起人的表现。

（5）谈话中应避免评论他们与英美的异同。

二、埃及

1．礼仪习俗

（1）埃及人与宾朋相见或送别时，一般都惯以握手为礼，或施拥抱礼。

（2）埃及人打招呼时，常称对方为“阿凡提”，即“先生”“阁下”的意思。

（3）递送或接受礼物时要用双手或右手。

（4）招待埃及客人时，一定要备有非酒类饮料，尽管酒类饮料的消费正日益广泛地被人接受。

（5）受邀至埃及人家中做客，可以带一些鲜花与巧克力作礼物。

2．礼仪禁忌

（1）埃及人绝对禁食自死物、血液和猪肉，也禁止使用猪制品。此外，埃及人不吃海参、蟹等奇形怪状的海味品，不吃红烩带汁和没熟透的菜，也不喜欢吃整鱼和带骨刺的鱼。

（2）埃及人在吃饭时，一般都不与人随意交谈。他们认为边谈话边吃饭会浪费粮食，是不礼貌的行为。

（3）在埃及人家中做客时，不要把自己盘子里的食品吃光，这被认为是不礼貌的。

（4）埃及人忌讳黑色与蓝色，他们把这两种颜色看成是不祥的色彩。

（5）埃及人特别忌讳谈“针”这个字和借针使用。尤其是每日下午三点到五点这段时间内，无论说“针”字或借针使用，都会遭到冷遇。

（6）埃及人忌讳左手传递东西或食物，认为左手是拿脏东西的，不洁净。

（7）埃及人忌在他人面前打哈欠、打喷嚏，如果实在控制不住，应转身捂嘴，并道声“对不起”。

（8）在埃及要避免谈论有关中东的政治问题。

案例学习

中秋节这天，海洋宾馆来了一位埃及商人。当宾馆经理闻知这位客人是专来办喜事的，于是决定将坐东朝西的620房给他。接着趁客人去见未婚妻的间隙，组织员工布置新房。经理亲自动手，原来驼色的地毯上又覆了一块波斯地毯，另外还配备一块小地毯，专供客人做宗教仪式用，墙上也特地挂上穆斯林地毯。一间典型的穆斯林式新房就这样很快布置完毕了。两小时后，客人回到房间，眼前突然的变化使他欣喜若狂，他只不过向服务员吐露过一句关于举办婚礼的话，没想到海洋宾馆竟如此高效率，给了他一个意外惊喜。新婚期间，宾馆专门为他配备了两辆专车提供昼夜服务。婚礼结束后，新婚夫妇在外出旅游前对经理说：“请为我们保留这个房间，等我们回来后还要住，房租照付”。以后这位客人每次都住在海洋宾馆。

思考：饭店在哪些方面体现了对这位客人的尊重？客人为什么会感到意外的惊喜？满足客人礼仪习俗要求，对提高饭店服务质量有什么重要意义？

三、南非

1．礼仪习俗

（1）南非人在正式社交场合一般都行握手礼。

（2）南非的黑人对受尊敬的人习惯用左手握住右手手腕，然后用右手与对方握手。

（3）南非的黑人在与尊贵的客人相见或分别时，常送上一支孔雀毛。

（4）南非人称对方为“先生”“小姐”“夫人”等。

（5）进行官方交往或商务交往时，最好穿样式保守、色彩偏深的套装或裙装，不然就会被对方视为失礼。

（6）在南非黑人家做客，主人喜欢用刚挤出的牛奶、羊奶或自制的啤酒待客，客人一定要多喝，最好一饮而尽。

2．礼仪禁忌

（1）信仰基督教的南非人忌讳数字“13”和“星期五”。

（2）南非黑人非常敬仰自己的祖先，他们特别忌讳外人对自己的祖先言行失敬。“Negro”和“Black”是禁句。非洲人对“Negro”“Black”二词不但有抗拒心理，而且不承认它的含义。强调肤色不同，在非洲是最大的禁忌。称呼非洲人，最好照他们的国籍来称呼。非洲人国家意识相当强烈，直呼其国名，他们听来很受用。

（3）南非人打招呼忌用左手，非洲流行的打招呼方式是举起右手，手掌向着对方，目的是表示“我的手并没有握石头”，是友好的象征。

活动平台

要求学生在课余时间，收集某一国家的礼仪习俗等有关资料；在课堂上，将学生分成若干小组，就该国的礼仪习俗进行交流；谈谈针对该国的习俗礼仪，旅游服务人员如何做好服务工作?

思考与练习

1. 简述日本和韩国的礼仪习俗与礼仪禁忌。
2. 简述港澳台同胞的礼仪习俗与礼仪禁忌。
3. 简述英国和德国的礼仪习俗与礼仪禁忌。
4. 简述美国和加拿大的礼仪习俗与礼仪禁忌。
5. 简述澳大利亚和南非的礼仪习俗与礼仪禁忌。